栃木札所めぐり御朱印を求めて歩く

とちぎ巡りん倶楽部著

メイツ出版

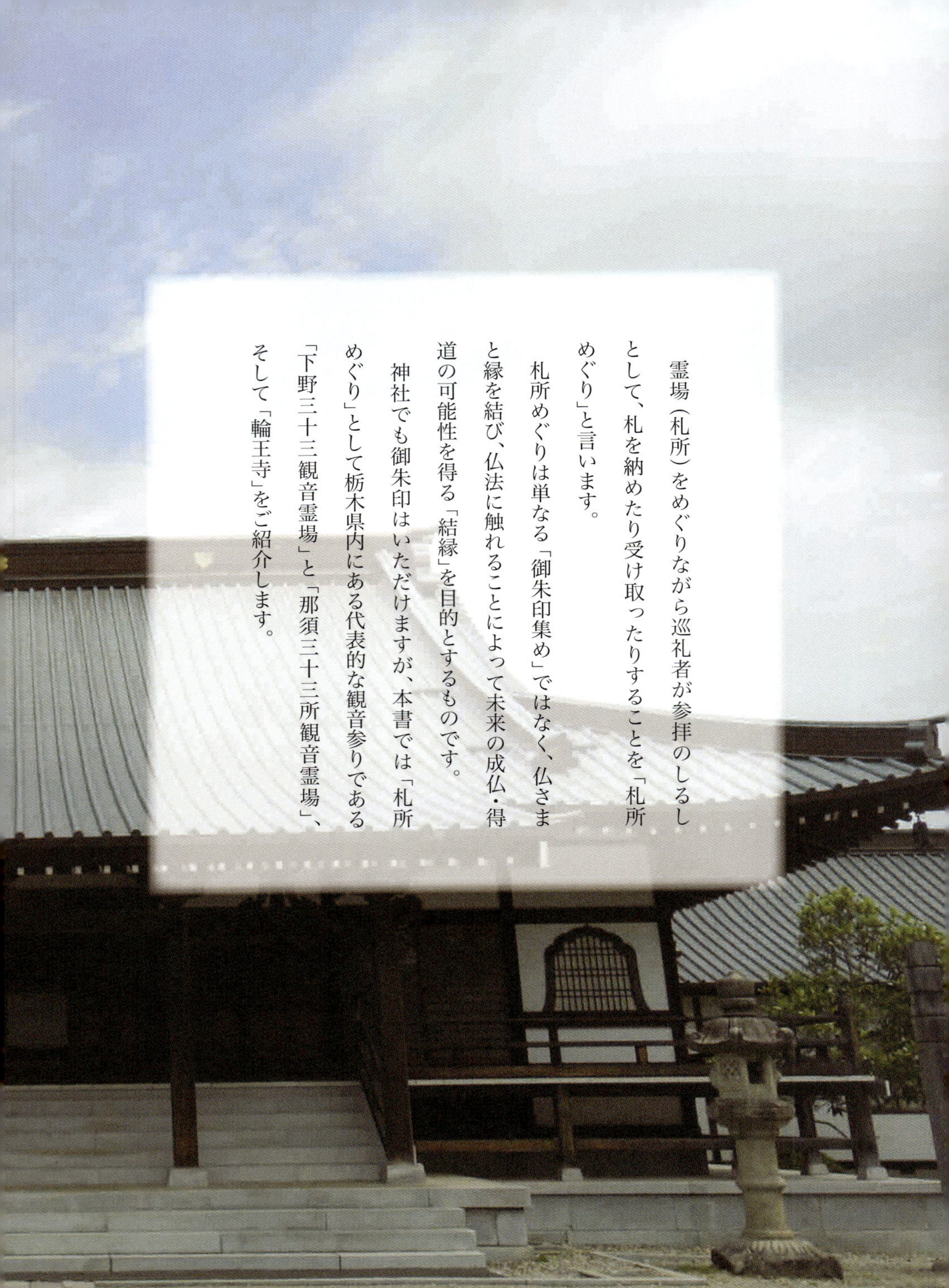

霊場（札所）をめぐりながら巡礼者が参拝のしるしとして、札を納めたり受け取ったりすることを「札所めぐり」と言います。

札所めぐりは単なる「御朱印集め」ではなく、仏さまと縁を結び、仏法に触れることによって未来の成仏・得道の可能性を得る「結縁」を目的とするものです。

神社でも御朱印はいただけますが、本書では「札所めぐり」として栃木県内にある代表的な観音参りである「下野三十三観音霊場」と「那須三十三所観音霊場」、そして「輪王寺」をご紹介します。

御朱印のいただきかた

もともと「御朱印」は参拝時にお経を書き写してお寺に納めるといただけるものでした（納経）。そのようなことから、御朱印のことを「納経印」ともいいます。最近では納経しなくてもいただけるようになり、お参りをすることよりも御朱印を集めることに楽しみを感じている方々も多くなりましたが、観音さまに静かに両手を合わせ、お参りをしてから御朱印をいただきましょう。

もくじ

この本の使いかた

主に本堂や札所本尊が祀られているところを御紹介しています。

下野三十三観音・那須三十三所観音に該当する札所番号を記しました。

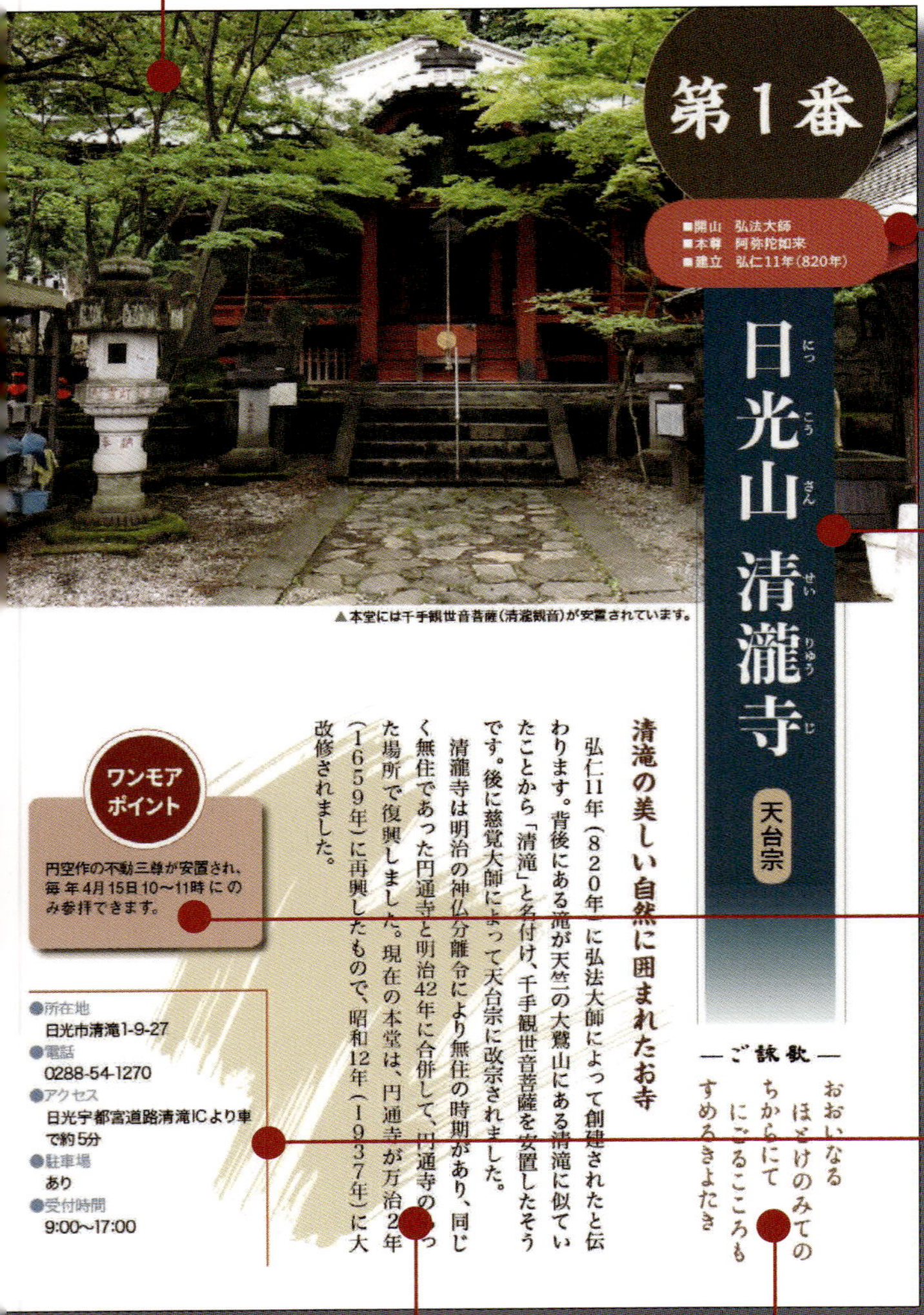

第１番

■開山　弘法大師
■本尊　阿弥陀如来
■建立　弘仁11年（820年）

日《にっ》光《こう》山《さん》清《せい》瀧《りゅう》寺《じ》

天台宗

▲本堂には千手観世音菩薩（清瀧観音）が安置されています。

清滝の美しい自然に囲まれたお寺

弘仁11年（820年）に弘法大師によって創建されたと伝わります。背後にある滝が天竺の大鷲山にある清滝に似ていたことから「清滝」と名付け、千手観世音菩薩を安置したそうです。後に慈覚大師によって天台宗に改宗されました。

清瀧寺は明治の神仏分離令により無住の時期があり、同じく無住であった円通寺と明治42年に合併して、円通寺のあった場所で復興しました。現在の本堂は、円通寺が万治2年（1659年）に再興したもので、昭和12年（1937年）に大改修されました。

—ご詠歌—

おおいなる
ほとけのみての
ちからにて
にごるこころも
すめるきよたき

ワンモアポイント

円空作の不動三尊が安置され、毎年4月15日10〜11時にのみ参拝できます。

●所在地
日光市清滝1-9-27
●電話
0288-54-1270
●アクセス
日光宇都宮道路清滝ICより車で約5分
●駐車場
あり
●受付時間
9:00〜17:00

開山・本尊・創建を記しました。不明のものもあります。

山号寺号・宗派を記しています。

お寺について、事前に知っておくとよいことなどを記しました。

お寺の基本的な情報です。駐車場は時季により変動することが多いので、事前にご確認下さい。

お寺や観音堂の歴史やいいつたえや現在の情報などをまとめました。

ご詠歌

下野三十三観音・那須三十三所観音のご詠歌です。

境内の案内です。時期と場合によっては拝観できないところもありますので、ご了承下さい。

お寺や観音堂のMAPが掲載されているページを記しました。

ご朱印について

＊主に下記のように記していますが、異なるお寺もあります。

1　奉拝･俗称の墨蹟と朱印
2　本尊名
3　印(梵字)
4　寺号(山号)
5　寺院の印

札所本尊である千手観音菩薩像（清滝観音）は、坂東三十三観音霊場の第十八番札所として広く知られている日光山中禅寺の「立木観音」と同じ桂の木で作られた「お前立観音」であったといわれています。本堂前に「坂東十八番札所」の門碑があるのは、その名残です。

▲本堂前の「坂東十八番札所」の門碑。

▶下野三十三観音霊場巡礼記念の「水かけ観音」。

MAP P12

❶下野第一番札所　❷清瀧観音　❸梵字「キリーク」
❹日光山　❺清瀧寺　❻日光山清瀧寺

▲地蔵堂には「しらみ地蔵」が祀られています。

▲境内にある鐘楼。

下野三十三観音霊場

＊本書に掲載のすべての寺院より、掲載の許可をいただいています。
＊掲載されている情報は2019年9月現在のものです。予告なく変更されることもありますのでご了承下さい。

参拝のマナー

お寺の基本的なお参りの仕方をご紹介します

1 山門をくぐる前に合掌

山門は、聖域と外界の境目です。仏様を敬い、一礼もしくは合掌して山門をくぐり境内に入ります。数珠があればつけて合掌しましょう。帰りも同様です。

2 手水舎《てみずや》で身を清める

一、右手で柄杓を取って水を汲み、それをかけて左手を清めます。

二、次に、左手に柄杓を持ちかえて、右手を清めます。

三、再び柄杓を右手に持ちかえ、左手のひらに水を受け、その水で口をすすぎます。

四、すすぎ終わったら、水をもう一度左手にかけて清めます。

五、使った柄杓を立てて、柄の部分に水をかけて清め、柄杓を元の位置に戻します。

3 お線香をあげる

他人の立てたロウソクから火を点けると、その人の「業」を貰い受けることになるので点けてはいけません。

4 静かにお参り

お賽銭を捧げたら目を閉じて両手を合わせ、合掌して頭を下げます。神社のおようにパチンパチンと拍手を打たないように注意してください。宗派によっては、指を組む合掌方法もあります。合掌するときに数珠を持っていれば、間違えて拍手を打つこともないでしょう。

下野三十三観音

下野三十三観音とは

江戸時代の末期の創設と伝わる、栃木県内の観音霊場です。宝永５年（１７０８年）、新里（現・宇都宮市）の高橋善左衛門吉勝という人が記念碑を新里の地に建立したと伝わります。第一番「清瀧寺」（日光市）を発願のお寺とし、第33番「蓮華寺」（宇都宮市）まで、県内を時計回りにめぐります。順番でなくてはならないという決まりはありませんが、難所は少なく、順番でもめぐりやすくなっています。

無住のお寺もいくつかありますが、近くの民家や兼務寺で御朱印をいただけるようになっています。お留守の場合は再訪するか、返信用封筒に御朱印代（３００円）を入れてポストに入れておくという方法もあります。参拝時間が定められていないお寺もありますが、16時くらいまでに訪問するのが望ましいように思います。

また、お寺をめぐる際は、動きやすい服装、履物で出かけるようにしましょう。

下野三十三観音霊場
車で巡る4日間

1日目

第1番	清瀧寺	18
第2番	観音寺	20
第3番	四本龍寺	22
第4番	如来寺	24
第5番	佐貫観音	26
第6番	円満寺	28
第7番	観音寺	29
第8番	澤観音寺	30
第9番	龍泉寺	32
第10番	長泉寺	33
第11番	太平寺	34

2日目

第12番	永徳寺	35
第13番	西明寺	36
第14番	慈眼寺	38
第15番	長命寺	40

2日目

第16番	常珍寺	42
第17番	善願寺	44
第18番	能延寺	45
第19番	光明寺	46
第20番	普門寺	47

3日目

第21番	興生寺	48
第22番	玉塔院	49
第23番	善応寺	50
第24番	近龍寺	51
第25番	如意輪寺	52
第26番	清水寺	53
第27番	日向寺	54
第28番	鑁阿寺	55

4日目

第29番	満願寺	56
第30番	満照寺	58
第31番	千手院	59
第32番	大谷寺	60
第33番	蓮華寺	62
番外	龍蟠寺	63
別格	持宝院	64

清瀧神社
122
清瀧神社前
1 清瀧寺 P.18
清滝 IC
東照
石材店
古河電気工業（株）
大谷川
(株)ＵＡＣＪ
日光製造所資材
清滝警察官
駐在所
ローソン
日光清滝バイパス店
清滝体育館
122

↑
松月氷室
大谷橋店
片山酒造
東武鬼怒川線
東武日光線
森病院
121
下今市駅
報徳二宮神社
4 如来寺 P.24
日光街道
119
栃木銀行
今市支店
かましん
今市店
小倉町
追分地蔵尊
352
121

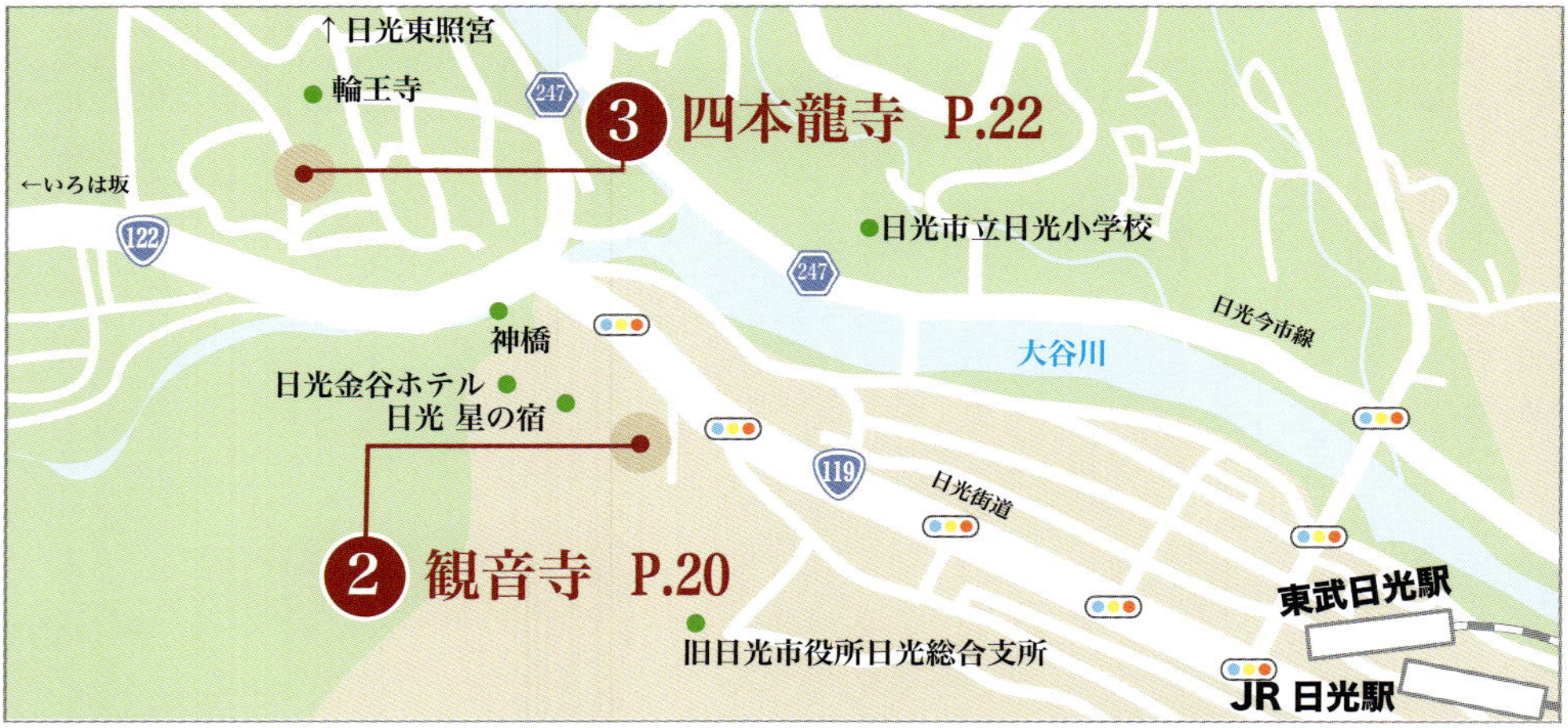

↑日光東照宮
輪王寺
247
3 四本龍寺 P.22
←いろは坂
122
日光市立日光小学校
247
日光今市線
神橋
大谷川
日光金谷ホテル
日光 星の宿
119
日光街道
2 観音寺 P.20
東武日光駅
旧日光市役所日光総合支所
JR 日光駅

船生南
461
宇都宮船生高徳線
柴犬ハウス
・さいとう
星宮神社
5 佐貫観音 P.26
特別養護
老人ホーム
せせらぎ
77
㈱トチコー
77
鬼怒川

6
円満寺 P.28
百目鬼公民館
不動堂
ファミリーマート
塩谷中央店
岩戸別神社
船生かぶき村
天頂駅跡
ほたるの里の
食彩処 思源
船生
船生南

←県民の森
Kanazawa Organic Farm
中川
寺山ダム
7 観音寺 P.29
県民の森矢板線
箒根神社
寺山浄水場
３０８Club
272
荒井家住宅
宮川
高原林産企業組合
多目的広場
ふるさとりんご園
放課後等
デイサービス
「りんごの木」
R461
↓
塩田ダム

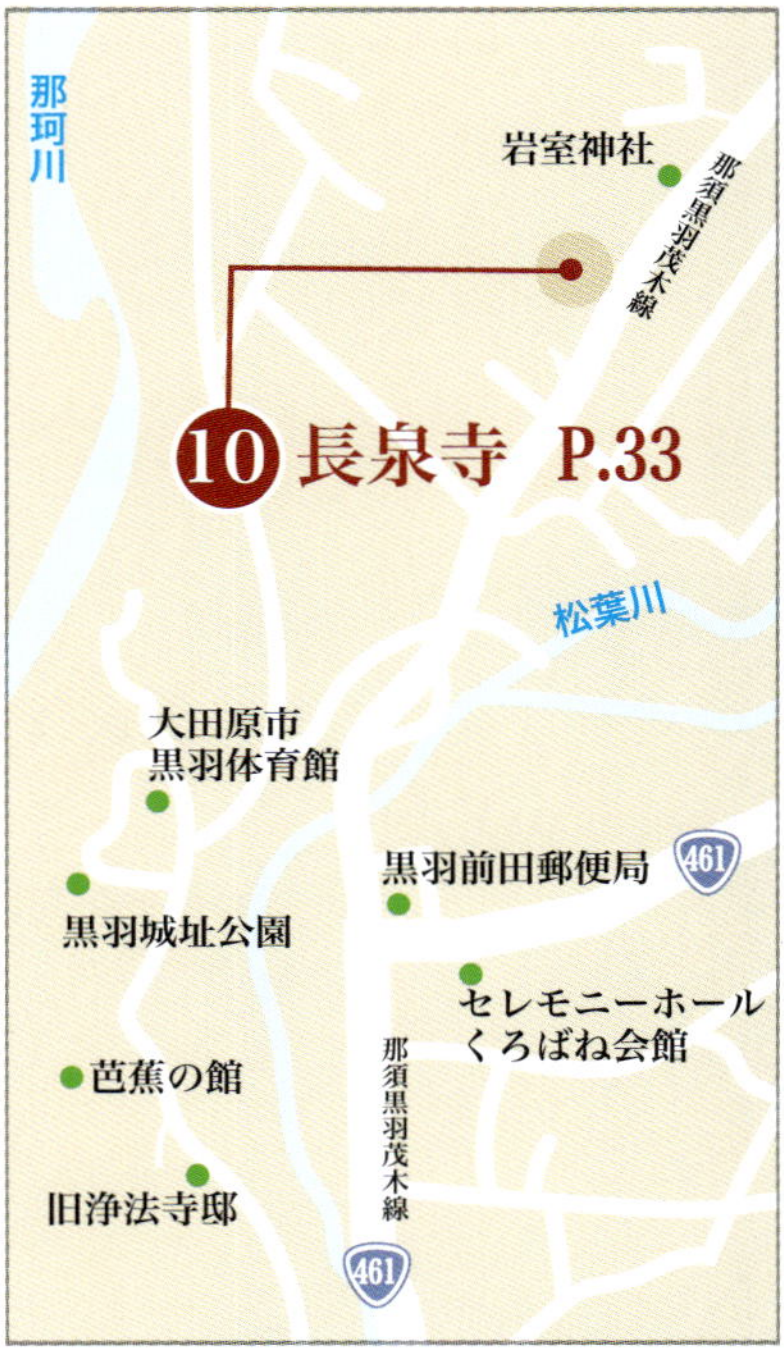
那珂川
岩室神社
那須黒羽茂木線
10 長泉寺 P.33
松葉川
大田原市
黒羽体育館
黒羽前田郵便局
461
黒羽城址公園
セレモニーホール
くろばね会館
芭蕉の館
那須黒羽茂木線
旧浄法寺邸
461

9 龍泉寺 P.32
光真寺
龍頭公園
川原
大田原芦野線
寺町通り
ホテル那須大田原ヒルズ
栃木銀行
大田原支店
龍城公園
461
大田原県税事務所
金燈籠
カラオケＢａｎＢａｎ
大田原店
大田原中央一郵便局

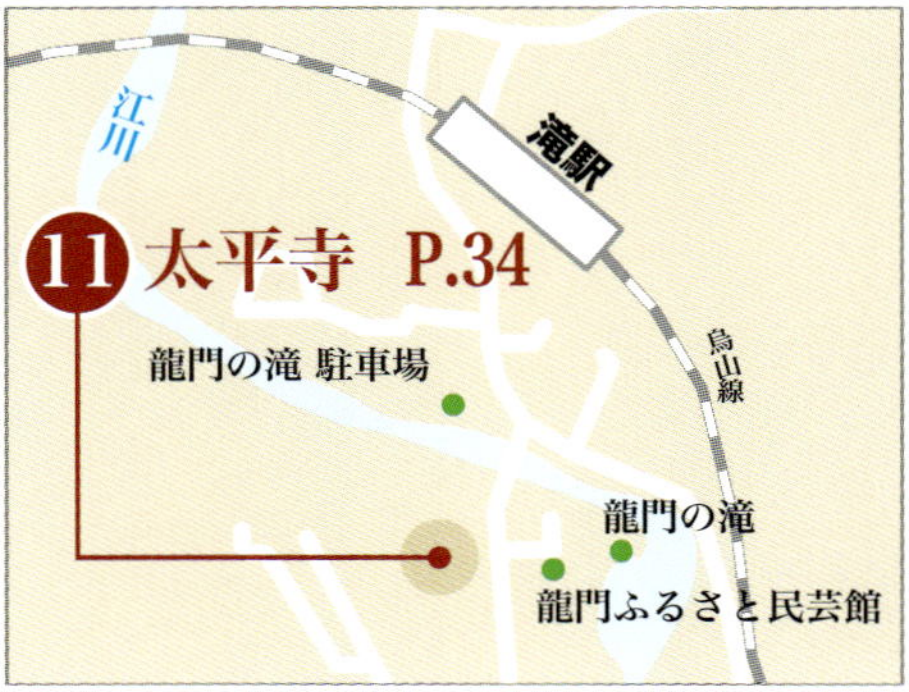
江川
滝駅
11 太平寺 P.34
烏山線
龍門の滝 駐車場
龍門の滝
龍門ふるさと民芸館

江川
宇都宮線
上野東京ライン
東北新幹線
箒川
土屋
農村
環境改善センター
栃木県 那須学園
沢
4
←JR矢板駅
矢板那賀川線
8
澤 観音寺 P.30
日光金属（株）
森林組合
矢板共販所
長峰公園
セブンイレブン
矢板中店
中北
矢板市立豊田小学校
中
こまものや よさぶろう
カレーハウスCoCo
壱番屋 矢板国道４号店

観音山梅の里梅園
12 永徳寺 P.35
東永寺
八坂神社
宇都宮茂木線
69
ローソン 市貝市塙店
市貝町立市
貝中学校
中之内
真岡鐵道
69
市塙駅
記念樹の森

64
本田技術研究所
四輪 R&D センター
本田技術研究所
グローバルプラザ
かしの森公園
15
長命寺 P.40
ゆいの杜
けやき台公園
管理センター前
カスミ
テクノ
ポリス清原店
芳賀工業団地
ホンダテクノフォート
宇都宮茂木線

鹿嶋神社
ピノキオファーマシーズ
市貝赤羽店
市貝町立赤羽小学校
コメリハード
&グリーン 市貝店
赤羽郵便局
下赤羽
宇都宮笠間線
123
ファミリーマート
市貝下赤羽店
123
真岡那須烏山線
14 慈眼寺 P.38

↑R121
工房風和里
13 西明寺 P.36
252
高館山展望台
陶房こみち
252
マロニエ薬局
Mashikokan
Satoyama
Resort Hotel
栃木県
芳賀青年の家
老人保健
施設看清坊

第三ミドリ保育園
第二
ミドリ保育園
野元川
16 常珍寺 P.42
野元川親水公園
天満宮
セブンイレブン
芳賀西水沼店
123
吉野工業所 宇都宮工場
東の杜公園
ベルモック
金井島
水橋郵便局
1
真岡警察署
西水沼駐在所

東北本線・宇都宮線
東北新幹線
昭栄自動車販売
茂原健康
交流センター
ヨーク
ベニマル
石橋店
クリーン
パーク茂原
20
宇都宮
上三川IC→
普門寺 P.47
ユニクロ
石橋店
下水道
資源化工場
北関東道
浅間神社

栃木県庁
県庁前通り
ザ・グランドスパ南大門
白沢街道
栃木県
総合文化センター
赤門通り
18 能延寺 P.45
宇都宮東武
ホテルグランデ
宇都宮
二荒山神社
駅前大通り
東通り
清厳寺通り
東北新幹線
宇都宮
記念病院
ララスクエア
宇都宮
19 光明寺 P.46
メガ
ドン・キホーテ
オリオン通り
駅前大通り
119
東武宇都宮駅
バンバ通り
今小路通り
中央小学校
比企病院
ホテル
ニューイタヤ
JR宇都宮駅
宇都宮中央郵便局
中央３丁目
17 善願寺 P.44
NHK
天神一丁目
旭中学校
東京街道
東武宇都宮線
宇都宮
市役所
いちょう通り
東北本線・宇都宮線
宇都宮城址公園
簗瀬小学校

宇都宮 IC↑
栃木銀行総合
グラウンド
鈴木酒店
新里街道
東北道
ローソン
宇都宮新里町店
国本中学校
33
蓮華寺 P.62
国本地区
市民センター
国本中央
小学校
岩原通り
多気城跡
ステーキ宮 田下店
桃畑茶屋
和食 うおえい
田下町
警察官
駐在所
別格 持宝院 P.64
293
大谷景観公園
大谷資料館
大谷石あかり館
田野町東
293
城山中央小学校
32 大谷寺 P.60
城山中学校
大谷街道
70

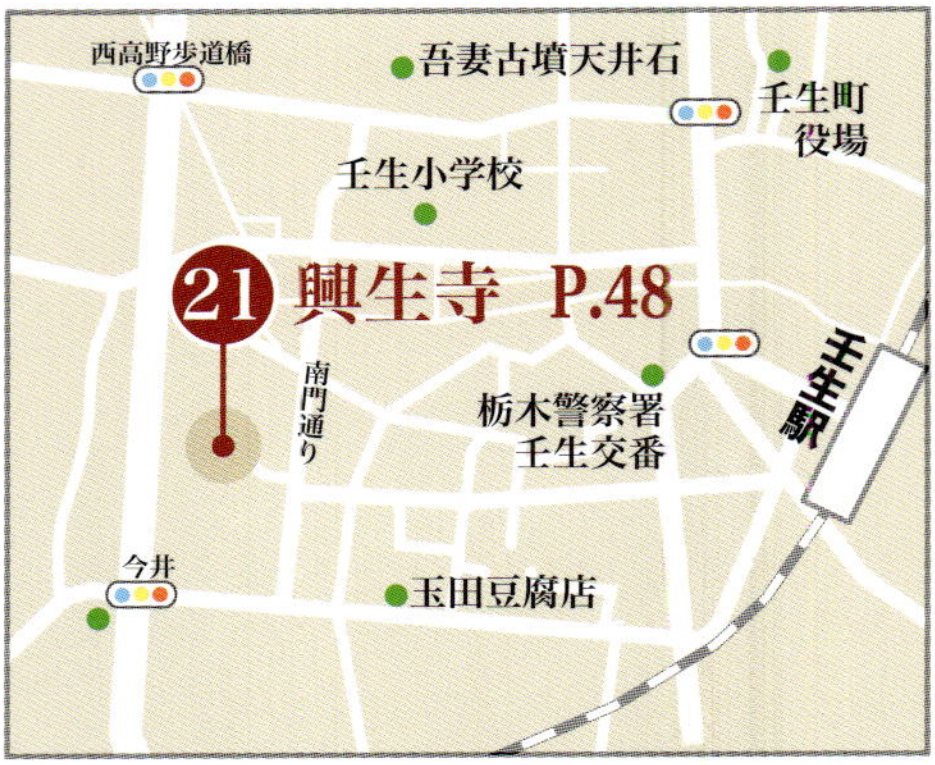
西高野歩道橋
吾妻古墳天井石
壬生町
役場
壬生小学校
21 興生寺 P.48
南門通り
栃木警察署
壬生交番
壬生駅
今井
玉田豆腐店

吹上
小学校
吹上郵便局
32
23 善応寺 P.50
肉のふきあげ
栃木柏尾線
東北自動車道
栃木粟野線
レストランやまと
大塚自動車販売
37
栃木 IC

渡辺養鶏所
栃木粟野線
北関東自動車道
磐根神社
家中駅→
22 玉塔院 P.49
←栃木 JCT
ミートショップ
長島
オートガレージ篠崎
37

栃木中央小学校
栃木市役所
栃木東中学校
関東信越国税局
栃木税務署
ヨークベニマル
栃木祝町店
24 近龍寺 P.51
デニーズ栃木室町店
栃木南中学校
例幣使街道 東山道
道標
はま寿司
カワチ薬品
城内店
東武宇都宮線
栃木駅
両毛線

松本ぶどう園
例幣使街道
大平西保育園
金剛峯山
如意輪寺
25 如意輪寺 P.52
シャディ・サラダ館
新大平下駅前店
新大平下駅

林道西山田線
フォレストアドベンチャー
おおひら
Saruyama
Katsuji Vineyard
栃木市おおひら
歴史民俗資料館
26 清水寺 P.53
ぶどう通り
大平駅方面↓
大平町ぶどう団地
栃木市 かかしの里
涼藤園
松本ぶどう園
藤野果樹園直売所

27 日向寺 P.54
←佐野駅
両毛線
唐沢山公園線
観音山公園
佐野田沼線
141
16
イオンタウン佐野
67
桐生岩舟線
浅沼町
東武佐野線
サイゼリヤ佐野浅沼店

28 鑁阿寺 P.55
足利雪輪町郵便局
けやき小学校前
足利環状線
奥の堂通り
293
グランド通り
足利学校跡
208
大日大門通り
通２丁目
入徳門
回そう
問屋忠兵衛の石燈籠
通１丁目
JR足利駅前
足利駅
白鴎大学
足利高等学校
渡良瀬川

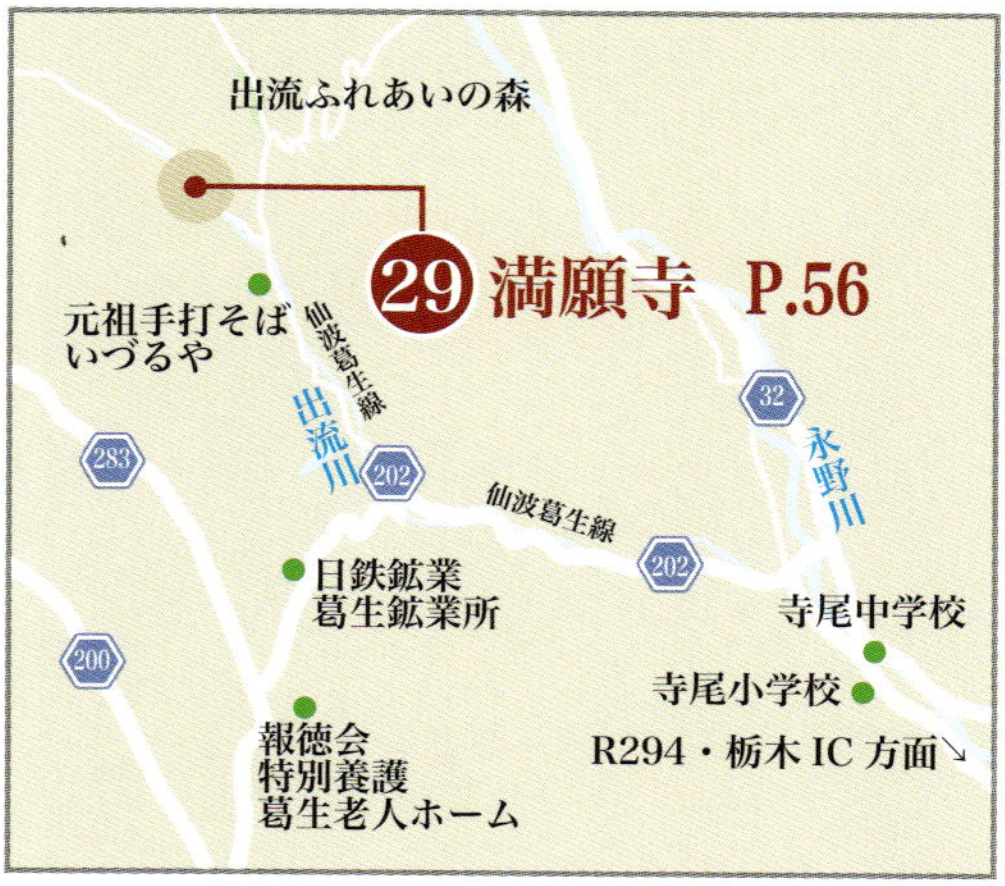
出流ふれあいの森
29 満願寺 P.56
元祖手打そば
いづるや
仙波葛生線
出流川
32
永野川
283
202
仙波葛生線
202
日鉄鉱業
葛生鉱業所
寺尾中学校
200
寺尾小学校
報徳会
特別養護
葛生老人ホーム
R294・栃木IC方面↘

↖R293
宝性寺
あづま保育園
武士川
鹿沼環状線
宇賀神果樹園
田島農園
268
番外 龍蟠寺 P.63
栃木きのこセンター
麺's たぐち

若山
鹿沼日光線
14
30 満照寺 P.58
鹿沼市立西小学校
東大芦
コミュニティセンター
ヤオハン 西店
大芦川
R121→
上日向郵便局
上日向
鹿沼警察署
上日向警察官駐在所
古峯原宮通り
240

鹿沼市立北小学校
いずみ幼稚園
千手山公園
黒川ホール
鹿沼労働基準
監督署
31 千手院 P.59
121
弁財天
鹿沼ヤングボウル
聖母幼稚園

▲本堂には千手観世音菩薩（清瀧観音）が安置されています。

第１番

■開山　弘法大師
■本尊　阿弥陀如来
■建立　弘仁11年（820年）

日《にっ》光《こう》山《さん》 清《せい》瀧《りゅう》寺《じ》

天台宗

清滝の美しい自然に囲まれたお寺

弘仁11年（８２０年）に弘法大師によって創建されたと伝わります。背後にある滝が天竺の大鷲山にある清滝に似ていたことから「清滝」と名付け、千手観世音菩薩を安置したそうです。後に慈覚大師によって天台宗に改宗されました。

清瀧寺は明治の神仏分離令により無住の時期があり、同じく無住であった円通寺と明治42年に合併して、円通寺のあった場所で復興しました。現在の本堂は、円通寺が万治２年（１６５９年）に再興したもので、昭和12年（１９３７年）に大改修されました。

―ご詠歌―

ちかへある
ほとけのみての
ちからにて
にごるこころも
すめるきよたき

ワンモアポイント

円空作の不動三尊が安置され、毎年4月15日10〜11時にのみ参拝できます。

●所在地
日光市清滝1-9-27
●電話
0288-54-1270
●アクセス
日光宇都宮道路清滝ICより車で約5分
●駐車場
あり
●受付時間
9:00〜17:00

札所本尊である千手観音菩薩像（清滝観音）は、坂東三十三観音霊場の第十八番札所として広く知られている日光山中禅寺の「立木観音」と同じ桂の木で作られた「お前立観音」であったといわれています。本堂前に「坂東十八番札所」の門碑があるのは、その名残です。

▲本堂前の「坂東十八番札所」の門碑。
▶下野三十三観音霊場巡礼記念の「水かけ観音」。

MAP P12

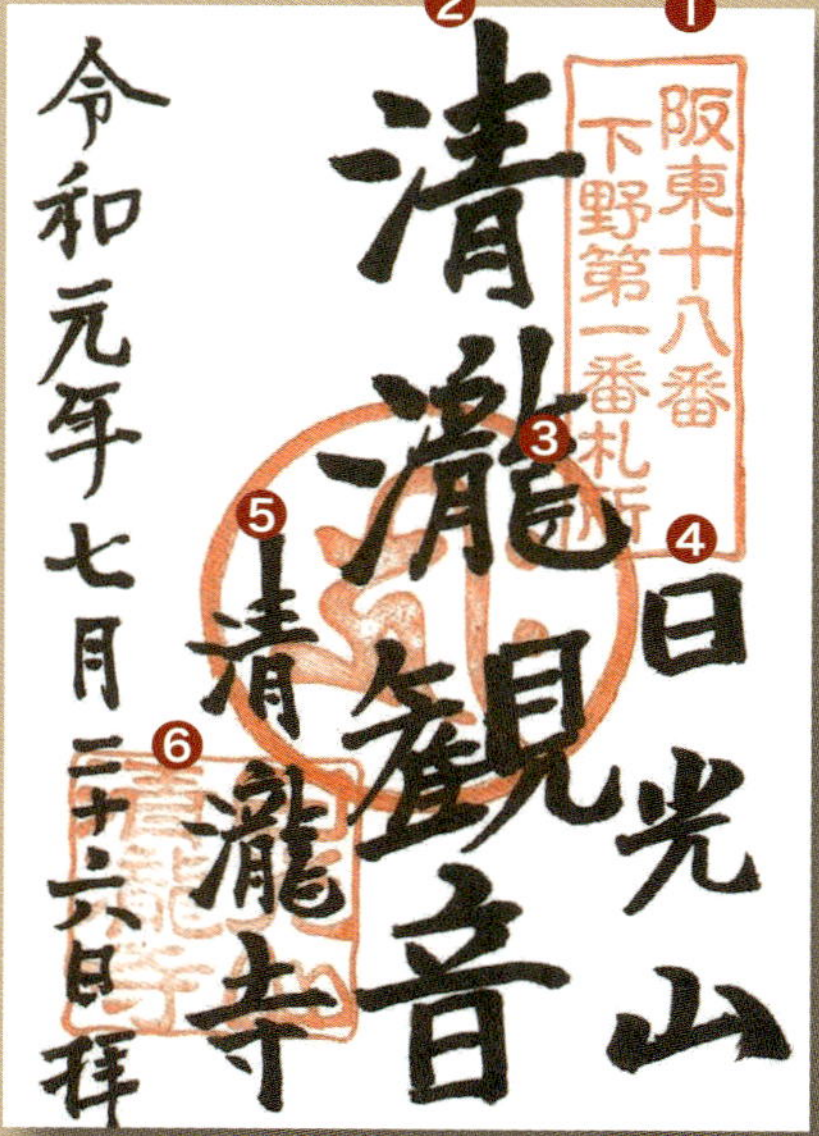

❶下野第一番札所　❷清瀧観音　❸梵字「キリーク」
❹日光山　❺清瀧寺　❻日光山清瀧寺

▲地蔵堂には「しらみ地蔵」が祀られています。

▲境内にある鐘楼。

▲本堂には千手観世音菩薩が安置されています。

第２番

■開山　弘法大師
■本尊　阿弥陀如来
■建立　弘仁11年(820年)

鉢《はつ》石《せき》山《さん》観《かん》音《のん》寺《じ》

天台宗

円仁ゆかりの寺宝がある

弘仁11年（８２０年）、弘法大師が千手観音像を自ら刻んで祀ったのがはじまりといわれています。元和元年（１６１７年）に東照宮ができ、寛永４年（１６２７年）には天海大僧正より「鉢石山無量壽院観音寺」の寺名を与えられ、天台宗に改宗しました。

山門を入ると、本堂、聖観音堂、鐘楼などがあり、鐘楼の傍らからは日光の街並が一望できます。また、円仁ゆかりの寺宝として、天保15年（１８４４年）作の木造慈覚大師坐像が安置されています。

―ご詠歌―

みちすぐに
まよわずいのれ
はついしの
かたきちかいの
あるにまかせて

ワンモアポイント

国道に面して「天台宗観音寺」の石碑があります。

●所在地
日光市上鉢石町1003
●電話
0288-54-0339
●アクセス
日光宇都宮道路日光ICより車で約5分
●駐車場
あり
●受付時間
9:00～17:00

裏手の龍崖山に本来の観音堂（下野三十三観音第２番札所）があり、そこが観音寺発祥の地といわれています。山門の右側に「観世音道」の看板があり、急な石段を上ります。

▲千手観音堂には「大悲殿」の扁額がかかっています。

▶千手観音堂への石段。

MAP P12

❶下野第弐番札所　❷大悲殿　❸梵字「キリーク」
❹鉢石山　❺観音寺　❻鉢石山無量寿院観音寺

▲境内にある「聖観音堂」。

▲高台にあり、鐘楼の傍らから日光の街並みが一望できます。

第3番

■開山　勝道上人
■本尊　千手観世音菩薩
■建立　天平神護2年（766年）

日《にっ》光《こう》山《ざん》四《し》本《ほん》龍《りゅう》寺《じ》

天台宗

▲観音堂は貞享2年（1685年）、三重塔は正徳3年（1713年）に再建されたものです。

日光発祥の地

日光開山の祖とされる勝道上人が祈りをささげていると、石から紫の雲がたちのぼり、男体山の方向へたなびくのを見たことから、この石が「紫雲石」と呼ばれるようになり、ここに「紫雲立寺」を建立したことに始まります。長い時を経て、寺名が「四本龍寺」となりました。

四本龍寺は現存する寺院ではなく、日光山輪王寺内に三重塔（国指定重要文化財）と観音堂（県指定文化財）が建っているのみです。

MAP P12

❶下野三番　❷千手観世音
❸梵字「キリーク」　❹旧本宮四本龍寺
❺日光山輪王寺　❻日光山三佛堂

●所在地　日光市山内2300　輪王寺内
●電話　0288-54-0531（輪王寺・寺務所）
●アクセス　日光宇都宮道路宇都宮ICより約15分
●駐車場　あり（有料）
●受付時間　拝観時間4～10月8:00～17:00
1～3月8:00～16:00（30分前まで受付）

―ご詠歌―

おおやがわ
ながれのすえの
すえまでも
ちかひにもれぬ
もとのみやたち

コラム　栃木県内の札所めぐりをもっと楽しむ

その1　日光の社寺にゆかりの人々

各寺社の由来には、日本史の重要人物や、県内では知らない人がいない偉人たちが度々登場します。以下では日光にゆかりのある代表的な偉人を簡単に紹介します。

勝道上人（奈良時代）

日光山を開く。中禅寺を建立。

弘法大師（空海）（平安時代）

日光を訪れ「滝尾神社」「若子神社（元は寂光権現）」を開く。

慈覚大師（円仁）（平安時代）

栃木県出身の僧。薬師堂・日光山内に三仏堂・常行堂・法華堂を建立。

教旻僧都（平安時代）

勝道上人十大弟子のひとり。日光山第二の祖。

弁覚法印（鎌倉時代）

日光山中興の祖。光明院を創設。二荒山神社の造営。

徳川家康公（江戸時代）

東照大権現は家康公の勅諡号で、東照宮は家康公を祀る神社。

慈眼大師（天海）（江戸時代）

日光山の住職。東照宮の造営。東照宮の大改修。日光中興の祖。

徳川家光公（江戸時代）

東照宮の大改修。大猷院は家光公の法号であり、家光公が眠る霊廟。

松尾芭蕉（江戸時代）

日光東照宮境内を拝観して俳句を詠んだ。

板垣退助（明治時代）

戊辰戦争の際日光廓にたてこもった幕府軍大圭介らを説得し、東照宮を焼失から防ぐ。

松平容保公（明治時代）

東照宮の5代目宮司として東照宮の修理を行う。

▲本堂・書院・庫裡・寺務所は開山500年の大改修が行われ、平成9年4月に落慶しました。

第4番

■開山　暁誉上人
■本尊　阿弥陀如来
■建立　文明年間
（1469～1487年）

星《せい》顕《けん》山《ざん》如《にょ》来《らい》寺《じ》

浄土宗

徳川家光公が日光社参の都度、宿泊したお寺

江戸時代には徳川第三代将軍・家光公が日光社参の際、宿泊するための御殿が建てられていた寺院で、本堂内には徳川将軍家位牌所として、家康公から12代将軍家慶公の位牌が祀られています。また、幕府から如来寺へ発行された証文が県の管理下で保存されています。

境内は春の桜をはじめとして、つつじやあじさい、秋の紅葉など、四季折々の美しい風景が楽しめます。

―ご詠歌―

ねんずれば
つみもむくいも
うちはらふ
これぞだいひの
ほうのいまいち

ワンモア ポイント

本尊の阿弥陀如来坐像は、恵心僧都源信作と伝えられています。

●所在地
日光市今市710
●電話
0288-21-0105
●アクセス
日光宇都宮道路今市ICより車で約5分・東武下今市駅より徒歩約5分
●駐車場
あり
●受付時間
9:00～17:00

昭和9年（1934年）に再建され、後に修復された観音堂。下野三十三観音第4番札所本尊の聖観世音菩薩は聖徳太子の御作と伝えられ、ここに安置されています。（通常は非公開）

また、地蔵堂に安置されている像高160センチメートルほどの「車止め地蔵」は、北条政子が日光山へ奉納させる途中、この地で車が動かなくなったことに由来するものです。

▲平成7年（1995年）9月、台風で半壊し修復された観音堂。

▶山門をくぐると右手にある鐘楼。
大晦日には除夜の鐘が撞かれます。

MAP P12

❶下野四番　❷聖観世音　❸梵字「サ」
❹星顕山 如来寺　❺星顕山 如来寺

▲日光市指定文化財の「車止め地蔵」（木造地蔵菩薩立像）が安置されている地蔵堂。

▲山門前には樹齢200年を越す桜の名木があります。

▲現在は福聚山東海寺の別院となっています。

第5番

■開山　不詳
■本尊　聖観世音菩薩
■建立　寛喜2年（1230年）

佐《さ》貫《ぬき》観《かん》音《のん》

真言宗智山派

高さ約60メートルの岩壁に、像高18メートルもの大日如来像

鬼怒川を見おろすように立つ約18メートルの「佐貫観音磨崖仏（さぬきかんのんまがいぶつ）」は大日如来坐像で、天平神護元年（765年）、讃岐国（香川県）の郡司、藤原富正と5人の従者が移り住み、大同2年（807年）にこの地を訪れた弘法大師とともに一夜で彫りこんだものと伝わります。

江戸時代までは岩戸山慈眼寺観音院でしたが、明治初期の廃仏毀釈によって廃寺となり、現在は福聚山東海寺（宇都宮市篠井町827）が管理をしています。

―ご詠歌―

ありがたや
むろのいわとを
おしひらき
だいひのみかげ
うつるきぬがわ

ワンモアポイント

御朱印は道を挟んだすぐ向かいのお宅にていただけます。

●所在地
塩谷郡塩谷町佐貫795
（御朱印所）
●電話
028-669-2026
（東海寺佐貫観音）
●アクセス
東北自動車道矢板ICより車で約25分
●駐車場
あり

高さ64メートルに及ぶ一大岩塊で、国の史跡に指定されています。像の右上にある奥之院は大悲窟と呼ばれており、年に一度開帳されていたと伝わり、明治12年（１８７９年）の開帳時には、ここから「銅版阿弥陀曼荼羅」が発見されています。

平成27年３月、１３６年ぶりに開帳され、藤原富正の供養塔が建てられました。

▲大正15年（1926年）に国に史跡に指定された磨崖仏（まがいぶつ）。

▶現地の案内板。大日如来坐像はこのように彫りこまれています。

MAP P12

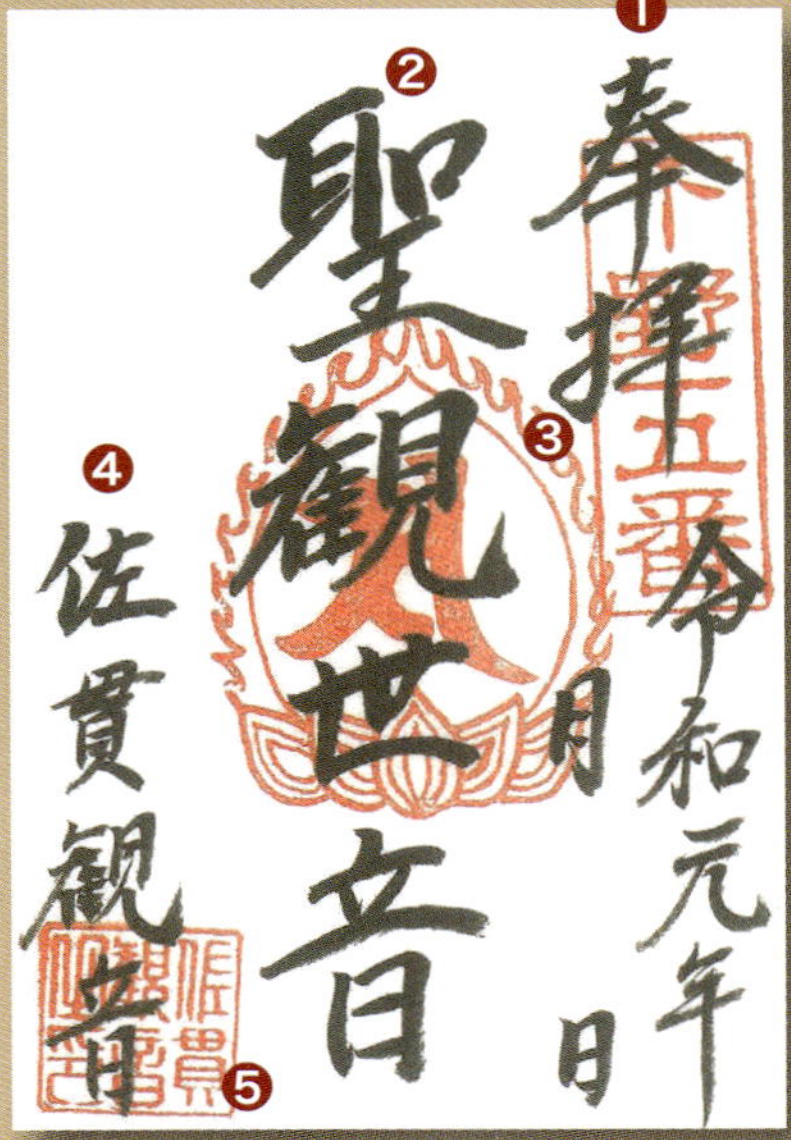

❶下野五番　❷聖観世音　❸梵字「サ」
❹佐貫観音　❺佐貫観音印

▲平成27年に建てられた藤原富正の供養塔。

▲通りにあるこの看板を目印に。

▲如意輪観世音菩薩像が安置されている御堂。

▲敷地内には石仏も並んでいます。

▲「鶏鳥山円満寺入口」の案内板は見落としてしまいがちなので注意。

第6番

■開山　不詳
■本尊　如意輪観世音菩薩
■建立　康平年間（1058～1064年）

鶏《けい》鳥《ちょう》山《ざん》円《えん》満《まん》寺《じ》

真言宗

昭和60年の火災で本尊は焼失

松尾芭蕉も歩いたとされる日光北街道から、泉川にかかる泉橋方面へ曲がってどこまでもまっすぐ行くと、道が急に細くなったあたりの左側に「鶏鳥山円満寺入口」の案内板があります。

円満寺は明治の廃仏令で廃寺となり、また、昭和60年の火災で歴史ある御堂と、県の重要文化財であった本尊を焼失してしまいました。現在は小さな御堂と石仏だけがあり、御朱印は補陀落山観音寺（塩谷町船生3621）にていただけます。

―ご詠歌―

ながきよの
ねむりさめよとう
くだかけの
やまにだいひの
あさやたれけん

MAP P12

❶下野第六番　❷梵字「サ」・聖観世音
❸梵字「サ」　❹補陀落山　❺観音寺
❻補陀落山観音寺印

●所在地　塩谷郡塩谷町船生1846
●電話　0287-47-0125（観音寺）
●アクセス　東北自動車道矢板ICより車で約30分
●駐車場　あり（観音寺）　●受付時間　要問い合わせ

第7番

■開山　行基菩薩
■本尊　千手観世音菩薩
■建立　神亀元年（724年）

与《よ》楽《らく》山《さん》 観《かん》音《のん》寺《じ》

真言宗智山派

▲寺山観音寺の周辺にはあらゆる病を癒す「霊湯」をはじめとする七不思議があると伝わります。

▲百観音（西国三十三・坂東三十三・秩父三十四）のお砂が納めてあるお砂踏み霊場。

▲観音堂は楼門とともに「やいた建物十選」に選ばれています。

さまざまな文化財を有するお寺

寺山観音寺という案内板のあるところから、2キロメートルほど山道をのぼったところにあります。７２４年、行基によって「法楽寺」が建てられましたが、雷火により焼失。８０６年、焼けずに残った本尊を現在地に移し、現在の寺山観音寺となりました。

国指定重要文化財である本尊「木造千手観音菩薩坐像」は秘仏とされ、60年に一度開帳されます。前回は昭和59年（１９８４年）に開帳されています。

―ご詠歌―

はるばると
のぼりておがむ
かんせおん
みのりとともに
たへぬまつかせ

MAP P13

❶下野第七番　❷梵字「キリーク」・本尊千手観音
❸梵字「キリーク」　❹与楽山
❺観音寺

●所在地　矢板市長井1875
●電話　0287-44-1447
●アクセス　JR矢板駅より車で約15分
●駐車場　あり　●受付時間　9:00〜17:00

▲本堂には本尊の木造阿弥陀如来坐像が安置されています。

第８番

■開山　宥印法印
■本尊　阿弥陀如来坐像
■建立　天長2年(825年)

補《ふ》陀《だ》洛《らく》山《さん》澤《さわ》 観《かん》音《のん》寺《じ》

真言宗智山派

―ご詠歌―

ふたらくや
なすのさわむら
たずねきて
だいひのちかい
たのむもろびと

金色の大慈母観音像が目印

那須与一の兄（那須満隆）が築いた沢村城の跡地に、廃城後に移築されたお寺です。大きな金色の大慈母観音像があり、遠くから拝むことができます。芭蕉の一行が沢村に立ち寄ったことも知られており、裏山には奥の細道で曾良が詠んだ句の句碑が建っています。

本尊の木造阿弥陀如来坐像（県指定文化財）は江戸時代の作といわれ、通常の阿弥陀如来とは異なり、紅頗梨色（ぐはりいろ）に染まり、宝冠を身に付けています。

ワンモアポイント

春の桜をはじめとして、初夏のハスなど、四季折々の花木が美しいお寺です。

●所在地
矢板市沢393
●電話
0287-44-0548
●アクセス
JR矢板駅より車で約15分
●駐車場
あり
●受付時間
9:00～17:00

本堂右手の「千手千眼堂」に安置されている千手観世音菩薩が「澤観音」。鎌倉時代の作といわれており、いつでも拝むことができます。また、昭和50年に落成した地下霊場があり、60体ほどの観音様や地蔵様が安置されています。

▲「千手千眼堂」。

▶千手千眼堂内の地下霊場入口。

MAP P13

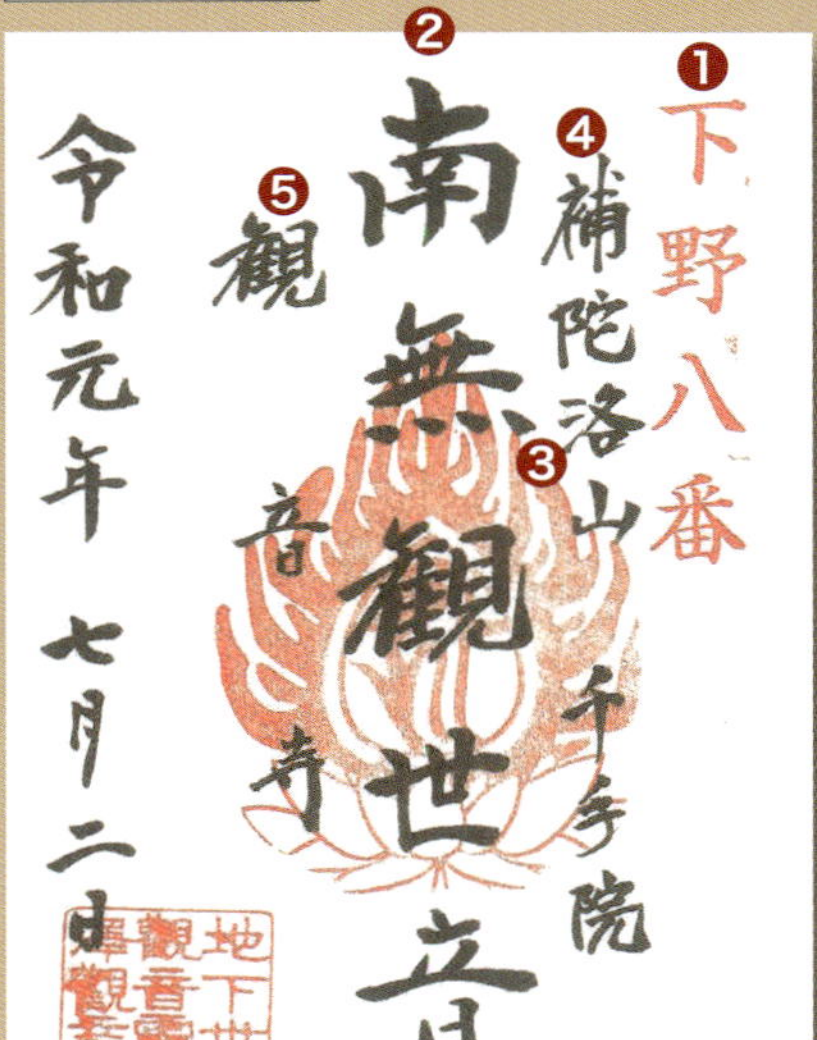

❶下野八番　❷南無観世音
❸梵字「キリーク」　❹補陀洛山 千手院
❺観音寺　❻地下三十三観音霊場澤観音寺

▲「大慈母観音像」。

▲石段を登り山門をくぐると本堂があります。

第9番

■開山　不詳
■本尊　千手観世音菩薩
■建立　天徳2年（958年）

龍《りゅう》頭《とう》山《ざん》 龍《りゅう》泉《せん》寺《じ》

真言宗智山派

▲2001年に再建された朱色の本堂。

▲境内には「興教大師」の像。

▲山門の正面が本堂。

大田原藩祈願所であったお寺

下野三十三観音霊場が開創された当初は龍泉寺末寺の慈眼院が第9番札所でしたが、明治維新の社寺統廃合を受け、龍泉寺で千手観世音菩薩をまつることになりました。現在の朱色の本堂は、2001年に奈良の秋篠寺を模して建てられたもので、音楽イベントなども開催されます。

北関東三十六不動尊霊場の第24番札所としても親しまれており、龍頭不動明王は室町末期の作といわれています。

—ご詠歌—

せんこんの
たねをねへにし
おおたわら
だいひのみのる
のちのよ

MAP P13

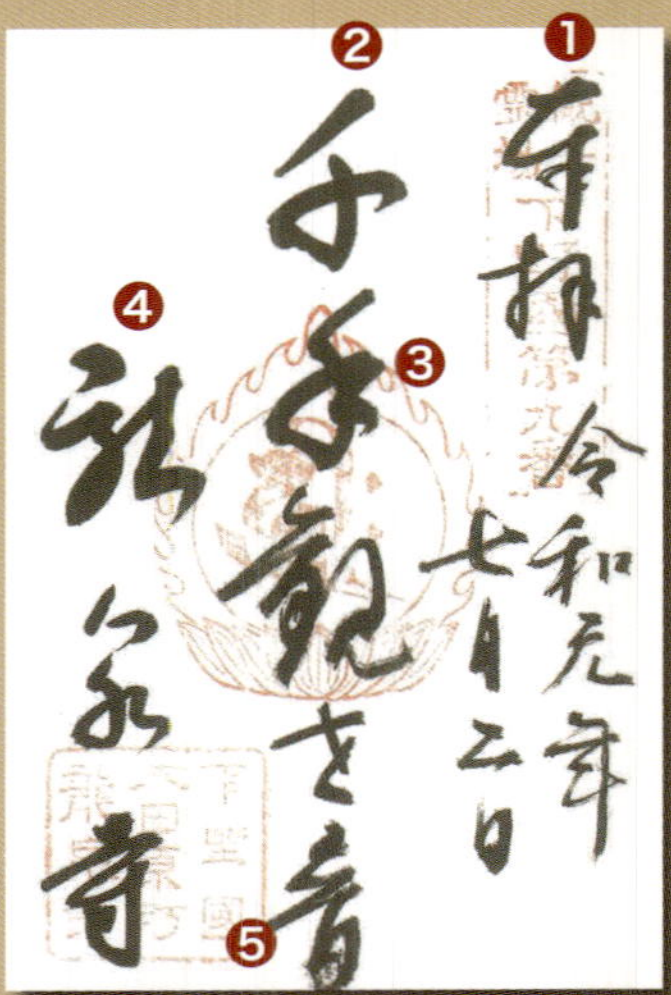

❶観音霊場下野國第九番　❷梵千手観世音
❸梵字「キリーク」　❹龍泉寺
❺下野国大田原町龍泉寺

●所在地　大田原市山の手2-9-2
●電話　0287-22-2978
●アクセス　JR西那須野駅より車で約15分
●駐車場　あり　●受付時間　9:00～17:00

第10番

■開山　不詳
■本尊　千手観世音菩薩
■建立　不詳

岩《いわ》谷《や》山《さん》 長《ちょう》泉《せん》寺《じ》

元真言宗

▲岩谷観音が安置されているお堂。

▲御朱印は道路沿いの「はなやま電設」でいただけます。

▲「はなやま電設」の並びに登り口があります。

地域に守られている観音様

道路沿いの案内板には「岩谷山長泉寺」と記されていますが、長泉寺は廃寺となっており、案内板に隣接した「はなやま電設」が納経所になっています。

看板から急な坂道を5～6分歩いて行くと、赤い屋根の御堂があり、子年の守り本尊である「千手観音菩薩坐像」が安置されています。毎年2月の第4日曜日には朝観音として護摩焚きが、8月の第4日曜日には夜観音として灯ろうに灯がともされます。

MAP P13

❶下野十番　❷千手観世音
❸梵字「キリーク」　❹岩谷山
❺長泉寺　❻岩谷山長泉寺

—ご詠歌—

ちよにやちよに
いくよへぬらん
いわやみずながき
いずみのたえぬ
このてら

●所在地　大田原市堀之内453-2(納経所)
●電話　0287-54-1336
●アクセス　JR西那須野駅より車で約30分
●駐車場　なし　●受付時間　9:00～17:00

▲朱色の本堂。

第11番

■開山　坂上田村麻呂
■本尊　十一面千手観世音菩薩
■建立　延暦22年（803年）

瀧《たき》尾《お》山《さん》　太《たい》平《へい》寺《じ》

天台宗

▲仁王門。

▲近くにある「龍門の滝」

MAP P13

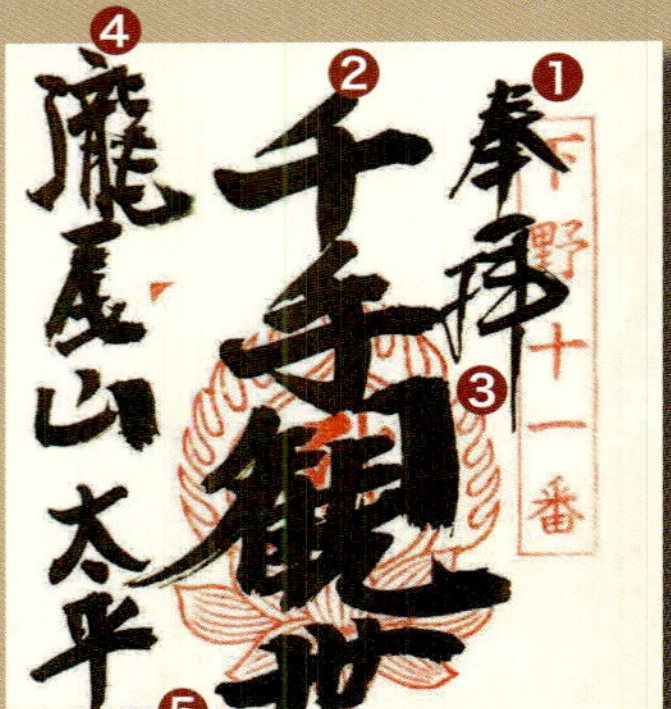

❶観音霊場下野國第九番　❷千手観世音
❸梵字「キリーク」　❹龍泉寺
❺下野国大田原町龍泉寺

小説「蛇姫様」のモデルとなった「於志賀姫」の墓がある

坂上田村麻呂が蝦夷討伐の戦勝祈願としてこの地に堂宇を建立し、千手観音菩薩像を安置したのがこのお寺の始まりとされ、その80年後、慈覚大師により再興されたと伝わります。

石段を上ると仁王門があり、江戸時代中期の作と伝わる仁王像が見られます。仁王門と朱色の本堂は享保10年（1725年）に改修されたもので、市の有形文化財に指定されています。現在太平寺は無住となっており、宇都宮市の宝蔵寺（宇都宮市大通り4-2-12）の兼務寺となっています。

●所在地　那須烏山市滝395
●電話　028-622-4130（宝蔵寺）
0287-84-0165（太平寺）
●アクセス　JR滝駅より徒歩10分
●駐車場　あり　●受付時間　9:00〜17:00

―ご詠歌―

せいがんじ
いのればひびく
たきのおの
ながれのすえの
きよきくにたみ

第12番

■開山　徳一上人
■本尊　千手観世音菩薩
■建立　弘仁6年(815年)

大《だい》慈《じ》山《さん》 永《えい》徳《とく》寺《じ》

真言宗

▲千手観音堂。

▲お前立観音は鎌倉時代の作。

▲石段をのぼったところに千手観音堂があります。

3月には見事な梅の花を咲かせる梅の里

永徳寺は梅まつりで知られる「観音山梅の里」にあり、永和4年（1378年）に築かれたといわれる村上城跡を有するお寺です。石段をのぼった高台に千手観音堂がありますが、現在は無住となっており、御朱印は檀徒代表の永山昭市様宅（市貝町市塙3354）にていただけます。

本尊の千手観音像は平安中期の作といわれており、像高172センチメートルの桧材の一本造り。60年に一度開帳されます。

●所在地　芳賀郡市貝町市塙3501
●電話　0285-68-1654(永山様宅)
●アクセス　真岡鐵道市塙駅より車で約10分
●駐車場　あり　●受付時間　9:00～17:00

—ご詠歌—

こをおもふ
おやはものかわ
だいひさん
よのくにかはる
ふかきめぐみは

MAP P14

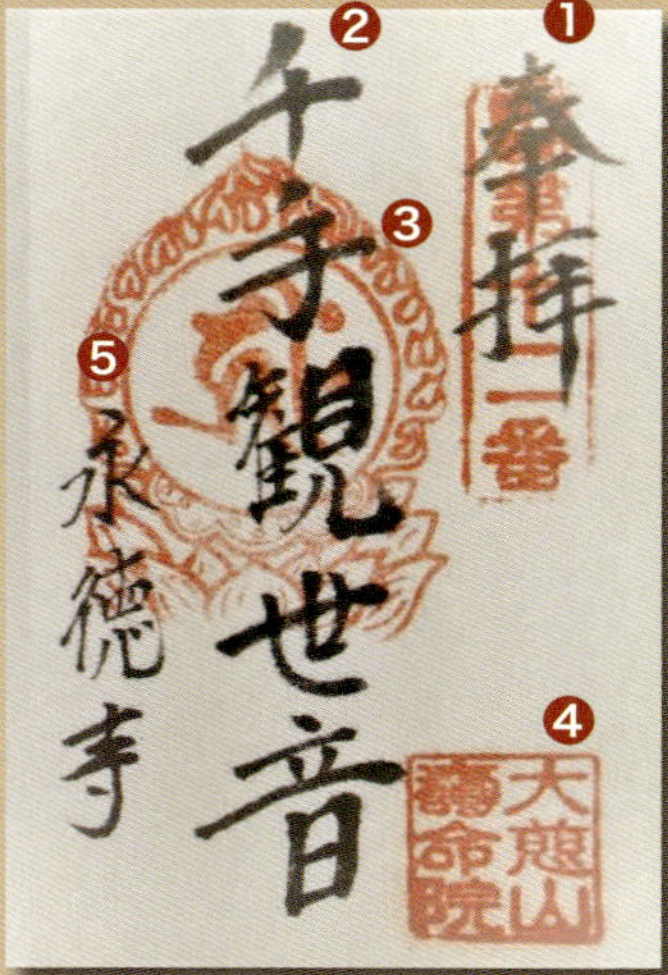

❶下野十二番　❷千手観世音
❸梵字「キリーク」　❹大慈山壽命院
❺永徳寺

第13番

■開山　行基菩薩
■本尊　十一面観音菩薩
■建立　天平9年(737年)

獨《とっ》鈷《こ》山《さん》 西《さい》明《みょう》寺《じ》

真言宗智山派

▲本堂には本尊の木造阿弥陀如来坐像が安置されています。

境内の3つの建築物が国指定重要文化財

獨鈷山（とっこさん）の中腹にあり、坂東三十三観音霊場の第20番として多くの参拝者が訪れるお寺です。駐車場から石段を上ると、国指定重要文化財の楼門や三重塔（室町時代の建造）があり、正面に歴史を感じさせる本堂が見えます。

本堂内には国指定重要文化財である、黒漆塗の厨子（ずし）があり、本尊の十一面観音立像（秘仏）が安置されており、12年毎「午の年」に開帳されます。

―ご詠歌―

さいみょうじ
ちかひをここに
たずねれば
つひのすみかは
にしとこそきけ

ワンモアポイント

楼門と三重塔は室町時代に建てられたもので、本堂も外陣の増築以外は室町時代当時のままだそうです。

●所在地
芳賀郡益子町益子4469
●電話
0285-72-2957
●アクセス
真岡鐵道益子駅より車で約10分
●駐車場
あり
●受付時間
8:00～17:00(11～3月は16:30)
*本堂内陣に入る場合のみ300円

本堂に向かって右側に茅葺きの「閻魔堂」があり、閻魔大王・善童子・悪童子・奪衣婆・地蔵尊の五体の仏像が並んでいます。

中央の閻魔大王は「笑い閻魔」として知られており、通常の御朱印とは別に「エンマ朱印」があります。＊参拝当日にいただけない場合は郵送となります（要問合せ）。

▲地獄で苦しむ人のためにも笑い続けている、という笑い閻魔がいらっしゃる「閻魔堂」。

▶鐘楼堂には寛文11年（1671年）に鋳造された鐘楼があります。

MAP P14

❶下野十三番　❷十一面観世音　❸梵字「キャ」
❹下野益子　❺獨鈷山　❻西明寺印

▲国の重要文化財に指定されている「三重塔」。

▲国の重要文化財に指定されている「楼門」。

第14番

■開山　尊慶上人
■本尊　十一面観音菩薩
■建立　永禄3年（1560年）

三《さん》光《こう》山《ざん》 慈《じ》眼《げん》寺《じ》

真言宗豊山派

▲十一面観世音立像が安置されている観音堂。

▲境内の鐘楼は朱色でひときわ目をひきます。

▲観音堂に向かって右手にある薬師堂。

新しい朱塗りの鐘楼が印象的

十一面観世音立像が安置されている観音堂の前には、行脚のお姿の弘法大師像が建っています。

像高87センチメートルの十一面観世音立像は京の仏師、春日の作といわれ、その作風から鎌倉期のものとされています。平成16年に調査、修復が施され、平成17年に町の有形文化財に指定されました。

―ご詠歌―

ありがたや
みつのひかりも
やわらぎて
しゅじょうもらさぬ
だいひじげんじ

●所在地　芳賀郡市貝町赤羽2725
●電話　0285-68-0600
●アクセス　真岡鐵道益子駅より車で約10分
●駐車場　あり　●受付時間　8:00～17:00
（11～3月は16:30）＊本堂内陣に入る場合のみ300円

MAP P14

❶下野十四番　❷十一面観世音
❸梵字「キャ」　❹三光山
❺慈眼寺　❻慈眼寺

その2

「下野三十三観音札所」「那須三十三所観音霊場」の寺院の中には他の札所としても御朱印がいただけるところがあります。一例をご紹介します。

「坂東三十三箇所」

源頼朝が発願し実朝の代になって成立したとされる、関東1都6県にある33ヶ所の観音霊場。

第17番　出流山　満願寺 (P56)
第19番　天開山　大谷寺 (P60)
第20番　獨鈷山　西明寺 (P36)

「北関東三十六不動霊場」

昭和63年（1988年）に開創された、群馬県・栃木県・茨城県内にある36ヶ所の不動明王霊場。

第18番　多気山　持宝院 (P64)
第24番　龍頭山　龍泉寺 (P32)

「関東八十八ヶ所霊場」

平成7年（1995年）に開創された、関東地方一帯に広がる弘法大師巡礼地。特別霊場と合わせて95ヶ所の寺院。

第16番　金剛山　鑁阿寺 (P55)
特番　出流山　満願寺 (P56)
第26番　吉利倶山　光照寺 (P123)
第27番　武茂山　馬頭院 (P118)

「東国花の寺　百ヶ寺」

関東1都6県の「花の寺」と称される寺院。現在は103ヶ寺の寺院となっている。

栃木7番　瀧海山　雲照寺 (P100)
栃木9番　武茂山　馬頭院 (P118)
栃木10番　丸光山　法輪寺 (P100)

▲現在の本堂は昭和46年（1971年）に再建されました。

第15番

■開山　慈覚大師円仁
■本尊　阿弥陀如来像
■建立　天安元年（857年）

大《だい》慈《ひ》山《さん》 長《ちょう》命《めい》寺《じ》

天台宗

鎌倉時代に建立されたといわれる観音堂

芳賀町の天然記念物に指定されているヤマザクラ林叢で広く知られているお寺です。

観音堂以外、本堂や仏像、寺宝は明治16年の火災で焼失しており、長い仮仏殿での期間を経て、昭和16年（１９７１年）に再建されました。

県・町の有形文化財に指定されている銅造の不動明王坐像は大永６年（１５２６年）に作られたもので、火災にあって全身が黒肌になっていますが、このような古い形式のものはめずらしく、多くの拝観者が訪れます。

―ご詠歌―

あおげただ
このよのみかは
ちょうめいじ
こんぜはなほも
やすくたのしむ

ワンモアポイント

33年に一度の開帳で、前回は平成2年（1990年）に開帳されました。

●所在地
芳賀郡芳賀町下高根沢2970
●電話
028-677-0539
●アクセス
JR宝積寺駅より車で約15分
●駐車場
あり
●受付時間
要問い合わせ

石段を上ったところに観音堂があり、春は桜が美しく、目を楽しませてくれます。治承元年（1177年）行基作の聖観世音菩薩が安置されていましたが、火災により焼失し、現在の観音堂や尊像は鎌倉中期から後期のものとされています。

▲札所本尊（県指定文化財）は秘仏とされており、33年に一度開帳されます。

▶春には石段の脇の桜がきれいに咲きます。

MAP P14

❶下野十五番　❷「サ」・聖観世音　❸梵字「サ」
❹大慈山　❺長命寺　❻大慈山長命寺

▲手入れの行き届いた境内。

▲山門の手前に観音堂への石段があります。

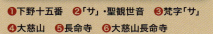

▲本堂には本尊の阿弥陀如来が安置されています。

第16番

■開山　慈覚大師
■本尊　阿弥陀如来坐像
■建立　天安2年（858年）

瀧《りゅう》海《かい》山《さん》 常《じょう》珍《ちん》寺《じ》

天台宗

―ご詠歌―

みずぬまの
そうはにおける
つゆまでも
もらさずてらす
ほうのつきかげ

慈覚大師円仁によって建立された

当時は境内に滝があったことから「瀧海山」と号しましたが、延宝年間（1673〜1681年）に山崩れ見舞われ、本堂をはじめとする御堂は滝とともに埋没したと伝わります。

昭和60年（1985年）から平成元年（1989年）にかけて本堂をはじめとする御堂の改修、菩提堂の新築工事が行われ、菩提堂には大日如来像や阿弥陀如来像が奉安されました。

ワンモアポイント

観音堂の聖観世音は寛治元年（1087年）に奉安されたものと伝わります。

●所在地
芳賀郡芳賀町西水沼1236
●電話
028-678-0411
●アクセス
JR宇都宮駅より車で約30分、
真岡鐵道多田羅駅より車で約15分
●駐車場
あり
●受付時間
9:00〜17:00

下野三十三観音の札所本尊である聖観世音は仁王門の正面にある朱色の観音堂に安置されており、住職一代につき1日だけ開帳されます。前回は平成2年（1990年）に菩提堂の落成を祝って開帳されました。

▲仁王門の正面が観音堂。

▶山門の手前を左へ行くと仁王門があります。

MAP P14

❶下野十六番　❷聖観世音　❸梵字「サ」
❹瀧海山　❺常珍寺　❻弘誓院瀧海山常珍寺

▲平成2年（1990年）落成の菩提堂。

▲道路沿いの石段を上ると山門があります。

第17番

■開山　坂上田村麻呂
■本尊　阿弥陀如来立像
■建立　延暦15年（796年）

福《ふく》寿《じゅ》海《かい》山《さん》 善《ぜん》願《がん》寺《じ》

天台宗

▲阿弥陀如来像が安置されている本堂。

▲大仏の右手にあるのが観音堂。

▲像高は約3,6メートル。

蓄財の仏様として信仰を集めている大仏

享保20年（１７３５年）に建立された「大豆三粒の金仏」（宇都宮大仏）があることで知られている善願寺。その昔、住職が困っている僧に宿を貸した際、お礼にもらった三粒の大豆を増やして得た利益で建立したのがこの大仏だそうです。

観音堂に安置されている如意輪観音像（秘仏）は、池に埋もれてしまったものを寿永４年（１１８５年）に京都仁和寺の法親王によって発見されたと伝わります。

●所在地　宇都宮市南大通り1-8-19
●電話　028-634-7717
●アクセス　JR宇都宮駅より徒歩10分
●駐車場　あり　●受付時間　9:00～17:00

—ご詠歌—

ぜんがんじ
おればむねの
つやはれて
しんにょのつき
のくものさやけさ

MAP P15

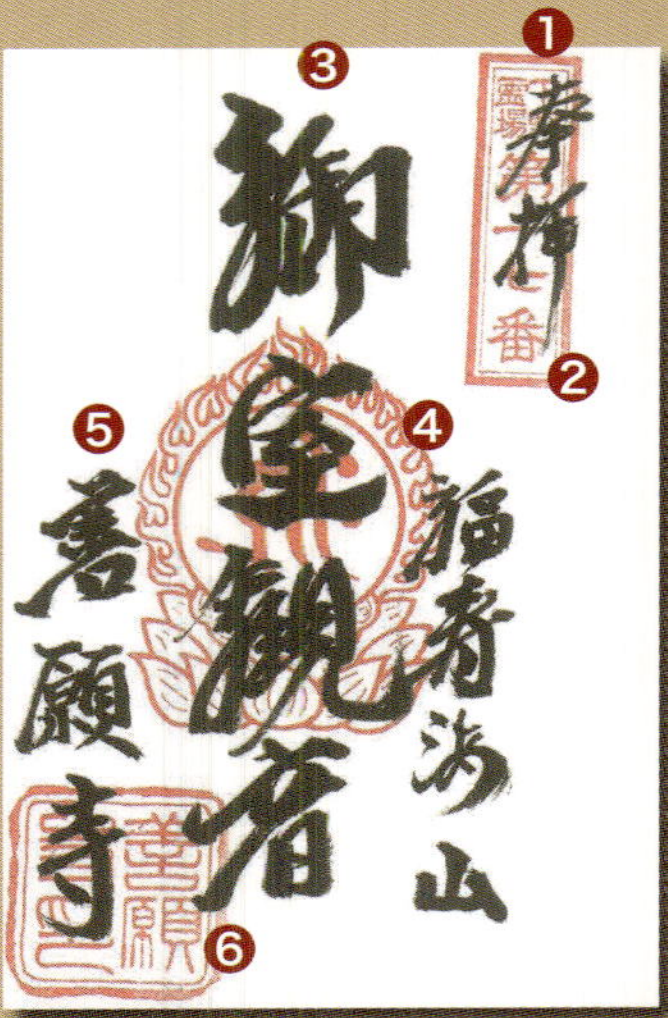

❶下野霊場第十七番　❷御室観音
❸梵字「キリーク」　❹福寿海山
❺善願寺　❻善願寺印

第18番

■開基　藤原宗圓座主
■本尊　千手観世音
■建立　康平元年(1058年)

玉《ぎょく》生《しょう》山《ざん》 能《のう》延《えん》寺《じ》

真言宗智山派

▲平成12年に建てられた本堂。

▲観音堂では写経会も行われています。

▲1階の観音堂内。

宇都宮市の中心部にあるお寺

宇都宮城を築く際、鬼門よけとなる河内町下田原に創建されたのが始まりといわれています。後に現在地に移築され、１０８ヶ所の末寺を有する大寺院となりました。

平成12年に新しい2階建ての本堂となり、1階が観音堂。安置されている本尊の千手観音像は、末寺のひとつである千手院に祀られていたもので、明治初期に廃寺になった際、能延寺に納められました。

MAP P15

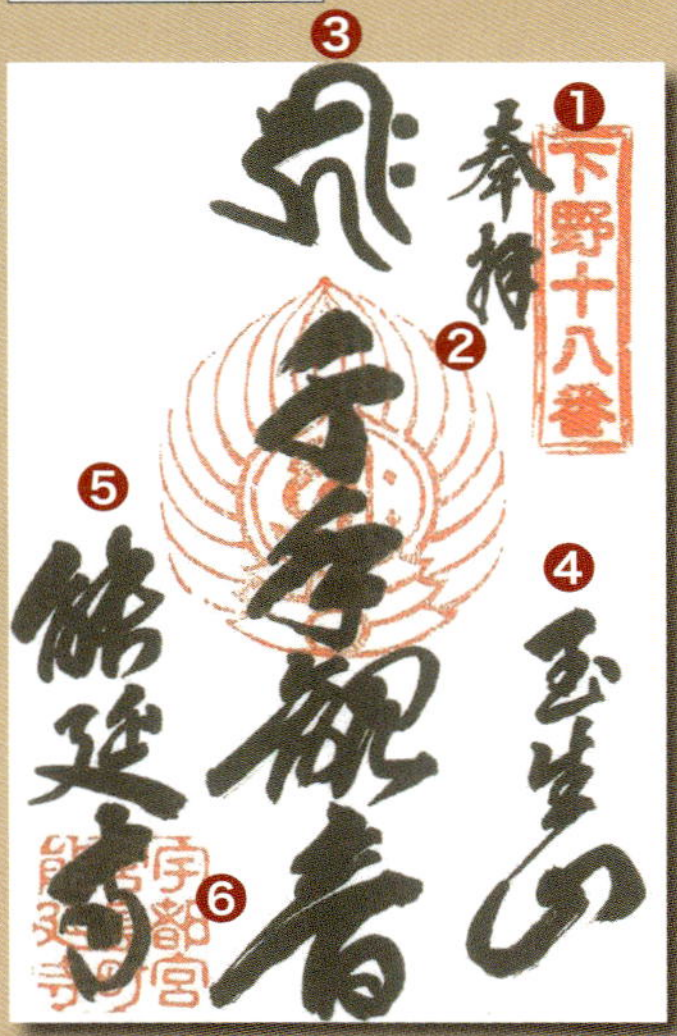

❶下野十八番　❷梵字「キリーク」・千手観音
❸梵字「キリーク」　❹玉生山
❺能延寺　❻宇都宮宮島町能延寺

●所在地　宇都宮市宮町2-10
●電話　028-622-9329
●アクセス　東武宇都宮駅より徒歩10分
●駐車場　あり　●受付時間　9:00～17:00

—ご詠歌—

ただたのめ
しめじかはらの
かんせのん
ばっくよらくの
せいたのもし

第19番

■開山　中里筑後守宗高
■本尊　聖観世音菩薩
■建立　大永元年（1511年）

神《かん》護《ご》山《さん》 光《こう》明《みょう》寺《じ》

曹洞宗

▲本堂。

▲朝日観音堂。

▲山門。

開扉は毎年7月17日

宇都宮市の中心部、県庁に近いところにある曹洞宗の古刹です。光明寺は大永元年（1511年）、二荒明神（現在の二荒山神社）の市正である中里筑後守宗高の創建です。

札所本尊の「朝日観音」は本堂の左手前の朝日観音堂に安置されており、開扉すると、金箔が朝日に輝くことからこの名がついたそうです。観音像は宇都宮5代城主・頼綱によって作られたと伝えられていますが、現在安置されているものは江戸末期に作られたものです。

●所在地　宇都宮市本町9-18
●電話　028-622-4003
●アクセス　東武宇都宮駅より徒歩10分
●駐車場　あり　●受付時間　9:00〜17:00

MAP P15

❶下野十九番札所　❷朝日聖観音
❸梵字「サ」　❹神護山　❺光明寺
❻神護山光明寺

―ご詠歌―

なむだいひ
むっつのやみじ
をてらせし
ほうらいさんに
いづるつきかげ

第20番

■開山　不明
■本尊　木造聖観世音菩薩立像
■建立　承安4年（1174年）

穴《あな》穂《ほ》山《さん》 普《ふ》門《もん》寺《じ》

真言宗智山派

▲江戸末期の建立と伝わる観音堂。

▲「茂原聖観世音道」と刻まれた道標。

▲観音堂の前に案内板があります。

安産・子育てにご利益がある茂原観音

穴穂山 普門寺は大正時代に廃寺となりましたが、地域の方々によって大切に守られてきた観音様です。

案内板には「承安４年（１１７４年）、この地に住んでいた宇都宮氏の家臣裳原遠江守家次（もばらとおとうみのかみいえつぐ）が、枕辺に立った聖観音の像を彫刻して安置した」と記されており、茂原観音と呼ばれる所以がわかります。御朱印は観音堂南側の寺内様宅にていただけます。

―ご詠歌―

いろいろに
ちかいあまねき
ふもんじの
だいひにもるる
ひとはあらじな

●所在地　宇都宮市茂原町445
●電話　0285-53-0408(開雲寺)
●アクセス　JR雀宮駅より車で約10分
●駐車場　なし　●受付時間　9:00～17:00

MAP P14

❶下野二十番　❷聖観世音
❸梵字「サ」　❹穴穂山　❺普門寺

第21番

■開山　不明
■本尊　大日如来
■建立　大同2年(807年)

医《い》王《おう》山《さん》 興《こう》生《しょう》寺《じ》

真言宗智山派

▲平成15年、300年ぶりに改修・復元工事が行われた本堂。

▲山門。

▲樹齢300年を超える山門脇のカヤの木。町指定天然記念物。

壬生城跡の近くに建つお寺

江戸時代まで壬生城主代々の祈願所であり、徳川幕府より御朱印寺院として認められたといわれるお寺です。

本堂は元禄年間に再建され、その記念として元禄15年（1702年）に植樹されたというカヤの木があります。本堂脇の「瑠璃殿」に、札所本尊の聖観世音菩薩や薬師如来、十二神将（町指定文化財）などが安置されています。

MAP P16

❶下野二十一番　❷聖観世音
❸梵字「サ」　❹医王山
❺興生寺　❻医王山印

—ご詠歌—

こうしょうじ
まふでくるみは
おのずから
つくりしつみも
きゆるつゆしも

●所在地　下都賀郡壬生町本丸2-15-31
●電話　0282-82-0538
●アクセス　東武壬生駅より車で約5分
●駐車場　あり　●受付時間　9:00〜17:00

第22番

■開山　九郎左衛門
■本尊　十一面観世音菩薩
■建立　天正16年（1588年）

医《い》王《おう》山《ざん》 玉《ぎょく》塔《とう》院《いん》

真言宗豊山派

▲現在の本堂は平成20年に建てられたものです。

▲薬師如来が祀られている薬師堂。

▲山門の正面に本堂があります。

穏やかな表情の十一面観世音菩薩

明治初期まで下野三十三観音霊場二十二番札所は、日光開山の祖である勝道上人が建立した華厳寺でしたが、明治3年（1870年）、火災によって焼失したため、玉塔院に受け継がれました。華厳寺の本尊であった十一面観世音菩薩もその火災で不明となり、玉塔院の本尊十一面観世音菩薩は昭和51年に作られたものです。

参道にある薬師堂は、慶安4年（1651年）に建立され、薬師如来が安置されています。

—ご詠歌—

たえもせず
いでいのやまの
ほうのみず
きよきながれの
ちかいたのもし

MAP P16

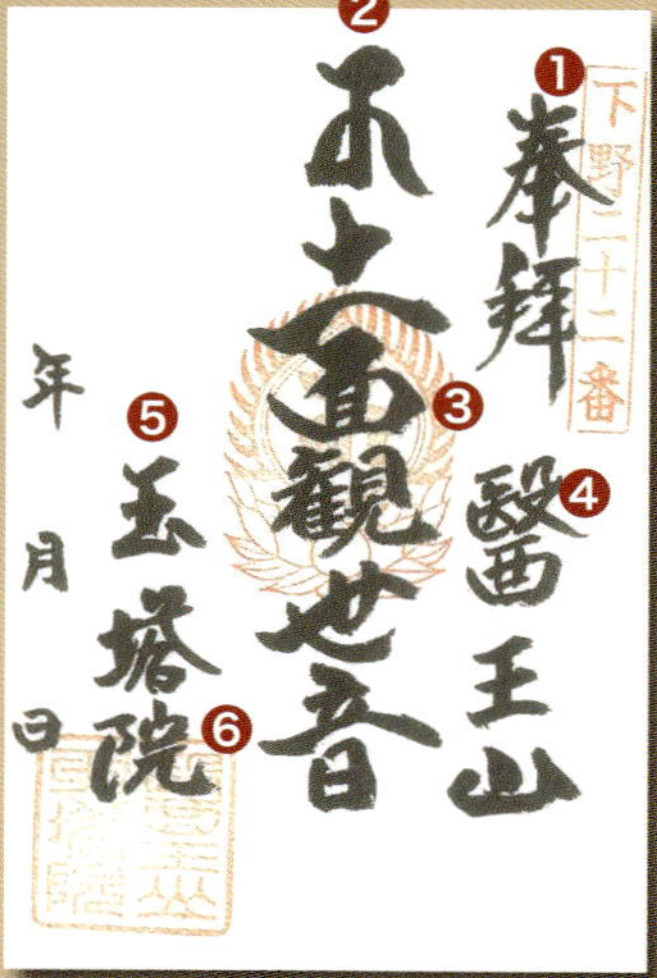

❶下野二十二番　❷梵字「キャ」・十一面観世音
❸梵字「キャ」　❹医王山　❺玉塔院
❻医王山玉塔院

●所在地　栃木市都賀町原宿181
●電話　0282-27-7426
●アクセス　北関東自動車道都賀ICより車で約10分
●駐車場　あり　●受付時間　9:00～17:00

第23番

■開山　勝道上人
■本尊　聖観世音菩薩
■建立　大大同年間
（806～810年）

伊《い》吹《ぶき》山《さん》 善《ぜん》応《のう》寺《じ》

真義真言宗

▲江戸時代初期に建立されたと伝わる観音堂。

▲手書きの看板が目印。

▲御朱印所が案内されています。

現在は廃寺となり観音堂を残すのみ

赤津川のほとりにあり、現在は観音堂のみ建っています。善応寺は日光開山の祖勝道上人が開基されたと伝えられており、現在の観音堂は江戸時代初期に建立されたと伝わります。

参道脇の斜面には、お灸のもぐさの原料として薬効が高い「さしも草」（栃木市指定天然記念物）が植えられています。また、境内の奥に「伊吹山」の登山口があり、山頂まで登ることができます。

―ご詠歌―

いぶきやま
のぼりてむかへば
ぜんのうじ
しんにょのつきの
かげさやかなり

MAP P16

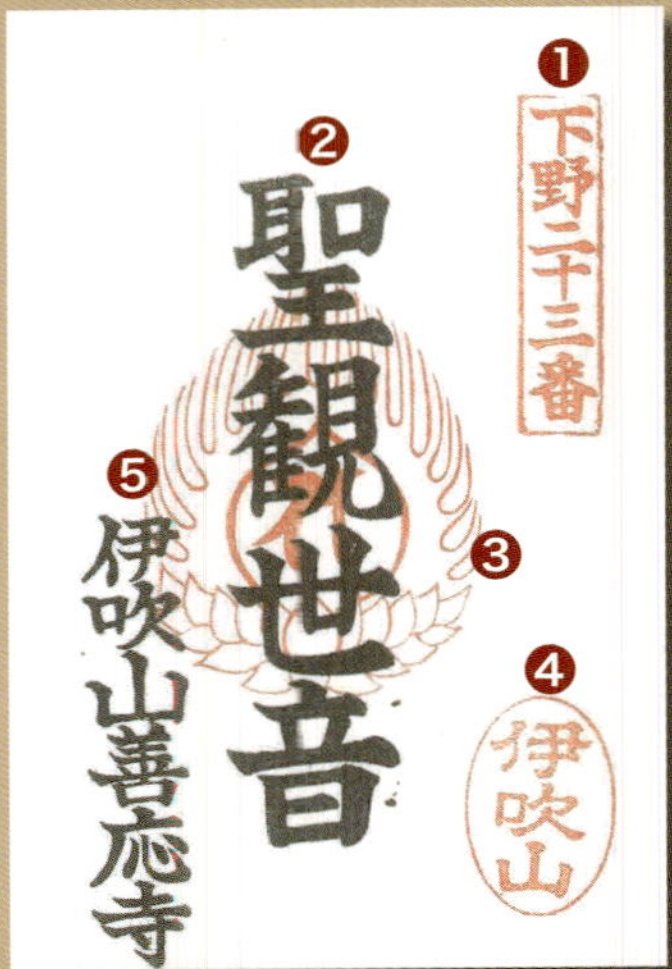

❶下野二十三番　❷聖観世音
❸梵字「サ」　❹伊吹山
❺伊吹山善応寺

●所在地　栃木市吹上町281
●電話　事前問い合わせ先はなし
●アクセス　東北自動車道栃木ICより車で約5分
●駐車場　なし　●受付時間　9:00～17:00

第24番

■開山　良懐上人
■本尊　阿弥陀如来
■建立　応永28年(1421年)

三《さん》級《きゅう》山《さん》 近《きん》龍《りゅう》寺《じ》

浄土宗

▲文化年間(1804～1818年)に建立された本堂。

▲平成22年10月に落成をした「三佛堂」。

▲栃木市出身の文豪・山本有三の墓。

栃木市出身の文豪・山本有三の墓がある

創建当初は現在の栃木市城内町にあり、称念寺と称しました。天正16年(1588年)に現在地に移り、寺名を近龍寺と改めました。

札所本尊の聖観世音菩薩は鎌倉時代の作といわれており、境内の白い建物「三佛堂」に安置され、毎年四万六千日の縁日(7月10日)に開帳されます。また「三佛堂」には子育安産・学業成就の呑龍上人像も安置されています。

●所在地　栃木市万町22-4
●電話　0282-22-0802
●アクセス　JR・東武栃木駅より徒歩10分
●駐車場　あり　●受付時間　9:00～17:00

―ご詠歌―

あめがした
うるおうたみの
きんきゅうじ
いづれぼさつの
じひもしるべき

MAP P16

❶下野二十四番　❷聖観世音菩薩
❸梵字「サ」　❹栃木市近龍寺
❺下野第二四番近龍寺

▲昭和４年に再建された本堂。

第25番

■開山　藤原秀郷
■本尊　大日如来
■建立　天慶元年（938年）

金《こん》剛《ごう》峯《ぶ》山《さん》 如《にょ》意《い》輪《りん》寺《じ》

真言宗豊山派

▲薬師堂。

▲本堂の菊のご紋・葵のご紋。

菊と葵のご紋が見られる徳川家ゆかりのお寺

如意輪寺の縁起によれば、天正19年（1591年）、徳川家康公が立ち寄り、寺領十石を直筆の上で寄付したことで御朱印寺となったといわれています。その後、兵火によって焼失しましたが、再建された時には境内地だけで一万三千坪もある徳川家ゆかりの寺となりました。

さらに徳川五代将軍綱吉公の生母、桂昌院の持念仏と伝わる如意輪観音像が寄進され、観音堂が建立されましたが、災害や神仏分離、廃仏毀釈などにより寺領境内は減少してしまいました。

●所在地　栃木市大平町富田1455
●電話　0282-43-2502
●アクセス　東武新大平下駅より徒歩５分
●駐車場　あり　●受付時間　9:00～17:00
※御朱印は本堂前の箱の中

MAP P16

❶下野二十五番　❷梵字「キリーク」・観世音
❸梵字「キリーク」　❹金剛峯山
❺如意輪寺　❻金剛峯山東泉坊稱徳院如意輪

―ご詠歌―

みなひとの
いのるこころは
にょいりんじ
だいひだいひの
えんのまかせて

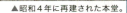

第26番

■開山　行基菩薩
■本尊　十一面千手観世音菩
■建立　天平11年(739年)

▲現在の本堂は平成7年(1995年)に再建されました。

金《きん》滝《りゅう》山《ざん》 清《せい》水《すい》寺《じ》

天台宗

▲「滝の観音様」が祀られている観音堂。

▲境内には十三仏も見られます。

「滝の観音様」として広く信仰された

下野第26番の十一面千手観世音菩薩立像（県指定文化財）は、長い間行基の作とされていましたが、昭和63年（１９８８年）の解体修理の際、鎌倉時代の仏師観阿陀の作とわかりました。

この観音像は「滝の観音様」として広く信仰されており、祀られているのは、本堂から数分歩いたところにある観音堂。鰐口の下に立つと奥の照明が点灯し、拝観することができます。

●所在地　栃木市大平町西山田3427
●電話　0282-43-3863
●アクセス　東北道佐野藤岡ICより約15分
●駐車場　あり　●受付時間　9:00～17:00

MAP P16

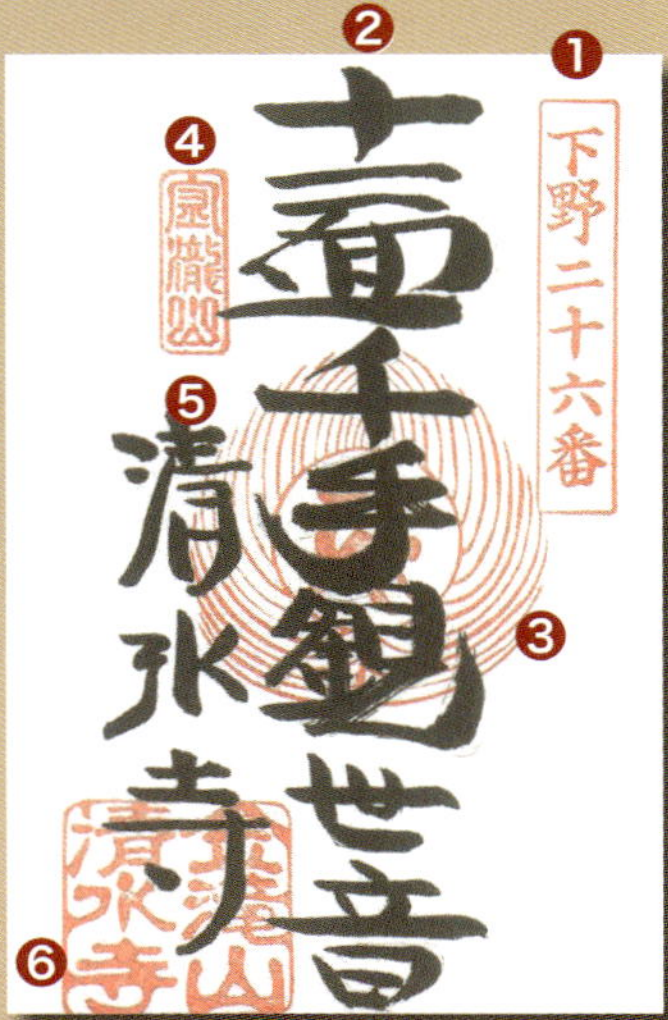

❶下野二十六番　❷十一面千手観世音
❸梵字「キリーク」　❹金瀧山
❺金滝山清水寺　❻金滝山清水寺

―ご詠歌―

もろびとの
にごりをすます
せいすいじ
せんじゅのみてに
たきのしらいと

第27番

■開山　不詳
■本尊　聖観世音菩薩
■建立　文政7年（1824年）

引《ひき》地《ち》山《さん》 日《にっ》向《こう》寺《じ》

真言宗

▲安産にご利益があるといわれています。

▲閻魔堂（右）と神馬堂（左）。

▲御朱印はミシンの看板があるお宅で。

安産にご利益のある観音様

JR佐野駅から歩いて10分ほどのところにある観音山公園。市内が一望できる高台に日向寺観音堂があります。現在のお堂は、文政7年（1824年）に関根弥惣清則という人が私財を投じて建立したと伝わります。

このあたりは6月下旬から約5000本のあじさいが目を楽しませてくれる「あじさいの丘」としても知られています。

—ご詠歌—

のちのよの
つなをひきちの
かんぜおん
もらさですくう
ちかいたのもし

MAP P17

❶下野二十七番　❷聖観世音
❸梵字「サ」　❹引地山　❺日向寺
❻引地山観音堂

●所在地　佐野市富岡町305
●電話　0283-22-2656（納経所）
●アクセス　東北道佐野藤岡ICより約15分
●駐車場　あり　●受付時間　9:00〜17:00

▲本堂は足利尊氏の父・足利貞氏によって正安元年(1299年)に再建された建物で、国宝に指定されています。

第28番

■開山　足利義兼
■本尊　大日如来
■建立　建久7年(1196年)

金《こん》剛《ごう》山《さん》 鑁《ばん》阿《な》寺《じ》

真言宗大日派

▲徳川11代将軍家斉公の寄進により再建された御霊屋。

▲山門(仁王門)。

MAP P17

❶下野二十八番　❷聖観世音
❸梵字「サ」　❹金剛山
❺鑁阿寺　❻足利宅鑁阿寺大日堂

日本の名城百選になっているお寺

鎌倉時代の武将・足利義兼によって建立された、足利氏の守り本尊である大日如来を本尊とするお寺です。足利氏の館跡にあり、寺域は国の史跡に指定されています。

鑁阿寺は大きな火災など少なかったため、境内には国宝とされている本堂のほか、鐘楼（国指定重文）、一切経堂（国指定重文）、徳川11代将軍家斉公の寄進により再建された御霊屋（県指定重文）、徳川5代将軍綱吉公の生母である桂昌院によって再建された多宝塔（県指定重文）など、古建築が多く残されています。

●所在地　足利市家富町2220
●電話　0284-41-2627
●アクセス　北関東自動車道足利ICより約10分
●駐車場　あり　●受付時間　9:00〜17:00

— ご詠歌 —

めぐりきて
そのなをきけば
しづきやま
こころのつきも
そらにすみけり

第29番

■開山　勝道上人
■本尊　千手観音菩薩
■建立　天平神護元年（765年）

出《い》流《ずる》山《さん》 満《まん》願《がん》寺《じ》

真言宗智山派

▲現在の本堂（大御堂）は明和元年（1764年）8月に再建されたものです。

出流観音として古くから親しまれているお寺

坂東三十三観音第17番札所として広く知られているお寺です。日光開山の祖である勝道上人の生母が、子宝に恵まれないことでこの寺の「観音の霊窟」に籠ったところ、勝道上人を授かったことから子授け、安産、子育てのご利益があるといわれています。

本尊の千手観世音菩薩像は弘法大師の作といわれ、12年に一度開帳されます。近年の開帳は平成26年（２０１４年）に行われました。

奥之院「観音の霊窟」までは１００段ほどの石段を上ります。拝殿が鍾乳洞の入口になっており、長い年月をかけて自然にできた鍾乳石の十一面観音像の後姿を拝むことができます。

―ご詠歌―

ふるさとを
はるばるここに
たちいづる
わがゆくすえは
いづくなるらん

ワンモアポイント

奥之院入山料
大人300円
子ども200円
＊8:30〜16:00
（10〜3月は15:30）

●所在地
栃木市出流町288
●電話
0282-31-1717
●アクセス
東北自動車道栃木ICより約35分
●駐車場
あり
●受付時間
8:30〜17:00

奥之院「観音の霊窟」までは大悲の滝から１００段ほどの石段を上ります。拝殿が鍾乳洞の入口になっており、長い年月をかけて自然にできた鍾乳石の十一面観音像の後姿を拝むことができます。

▲奥之院「観音の霊窟」。
▶奥之院への上り口にある「大悲の滝」。

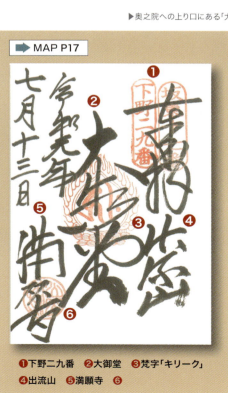

MAP P17

❶下野二九番　❷大御堂　❸梵字「キリーク」
❹出流山　❺満願寺　❻

▲池のそばにある鐘楼。

▲享保20年（1735年）に建立された山門（仁王門）。
市指定文化財です。

第30番

■開山　弘法大師
■本尊　聖観世音菩薩
■建立　平安時代

深《しん》岩《がん》山《ざん》 満《まん》照《しょう》寺《じ》

真言宗

▲頭上にせり出した岩が印象的です。

▲磨崖仏。

▲長い石段を上って行きます。

岩に彫り込まれた磨崖仏も見られる

道路沿いに「深岩観音」の案内板があり、近くのお宅が納経所になっています。ここから山中へ入り、約１７０段の石段を上って行くと、山の中腹の洞窟内に観音堂があります。

満照寺というお寺自体は、山のふもとにありましたが、安政年間（１８５４〜１８６０年）に廃寺となりました。本尊の御開帳は33年に一度で、近年は平成26年（２０１４年）に開帳されました。

下野三十三観音で一番の難所。歩きやすい履物で明るい時間に拝観しましょう。

●所在地　鹿沼市深岩25
●電話　0289-64-9778
●アクセス　東北自動車道鹿沼ICより約30分
●駐車場　なし
●受付時間　9:00〜17:00（納経所）

➡ MAP P17

❶下野三十番　❷聖観世音
❸梵字「サ」　❹深岩山
❺満照寺　❻深岩山

―ご詠歌―

なにしおう
ちかいをここに
ふかいわを
たえぬめぐみは
いくよへぬらん

第31番

■開山　勝道上人
■本尊　千手観世音菩薩
■建立　天文4年（1535年）

紫《し》雲《うん》山《ざん》 千《せん》手《じゅ》院《いん》

真言宗

▲毎月1日に開帳される観音堂。

▲朱色の仁王門。

▲公園の入口からこの石段を上ります。

毎月1日に開帳される千手観音菩薩坐像

千手山公園の中にあり、千手観音堂は鹿沼市が管理しています。公園の入口から石段を上ると、享保17年（１７３２年）に建立された朱色の仁王門があり、正面に観音堂があります。

本尊の千手観音菩薩坐像は、鎌倉時代末期の作と推定されており、毎月１日（祝日の場合は翌日）に御開帳されます。

御朱印は朝日山宝蔵寺（鹿沼市上材木町１７５２）または千手山公園管理棟売店でもいただけます。

●所在地　鹿沼市千手町 2610（千手山公園内）
●電話　0289-60-2507（鹿沼市観光物産協会）
0289-65-0778（千手山公園）
●アクセス　東北自動車道鹿沼ICより約20分
●駐車場　あり　●受付時間　9:00～17:00（納経所）

―ご詠歌―

さまざまの
ちかいはかりの
めぐみにて
にしへみちびく
むらさきのくも

MAP P17

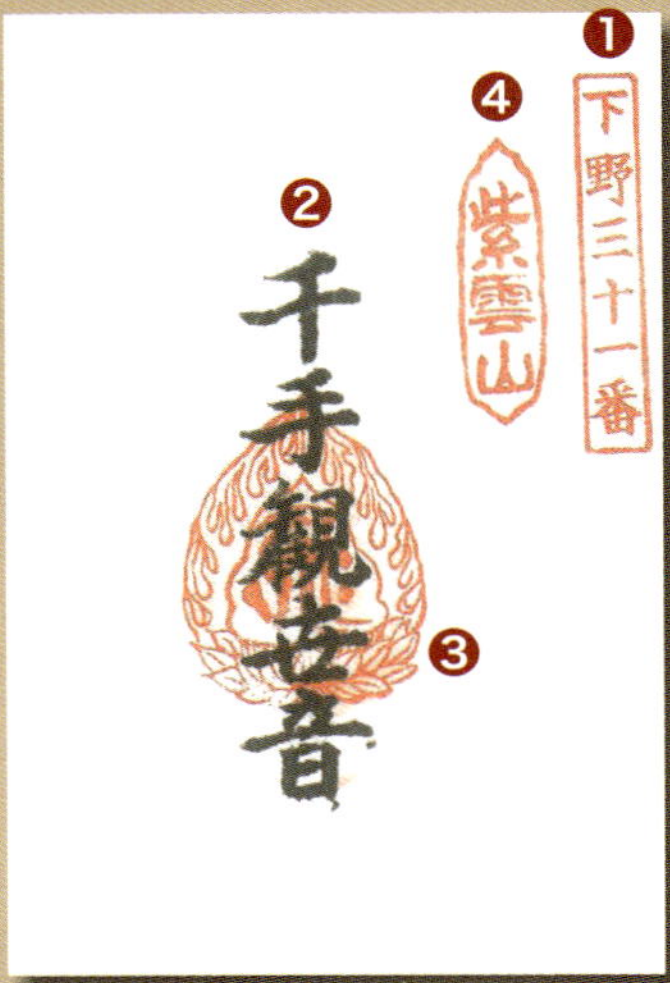

❶下野三十一番　❷千手観世音
❸梵字「キリーク」　❹紫雲山

▲日本最古の石仏のお寺です。

第32番

■開山　弘法大師
■本尊　千手観世音菩薩
■建立　平安時代

天《てん》開《かい》山《さん》 大《おお》谷《や》寺《じ》

天台宗

—ご詠歌—

なをきくも
めぐみおおやの
かんぜおん
みちびきたまえ
しるもしらぬも

坂東三十三観音第19番札所

日本最古の石仏「大谷観音」と高さ27メートルの「平和観音」で広く知られている大谷寺。弘仁元年（810年）、弘法大師がこの地を訪れた際、毒蛇が住みついて困っている住人の話を聞き、高い岩山に光り輝く千手観音を彫って毒蛇を退治したと伝わります。

境内には弁天堂や宝物館があり、池の中央の弁天堂のところには、弘法大師が退治した毒蛇が心を入れ替えて白蛇となって仕えています。

ワンモアポイント

拝観料
大人400円
中学生200円
小学生100円
※令和2年より大人500円

●所在地
宇都宮市大谷町1198
●電話
028-652-0128
●アクセス
東北自動車道宇都宮ICより約10分
●駐車場
あり
●受付時間
4月～9月8:30～17:00
10月～3月9:00～16:30

平安時代（810年）弘法大師の作と伝えられている千手観音は「大谷観音」と称され、脇堂の釈迦三尊・薬師三尊・阿弥陀三尊の石仏とともに国の特別史跡・重要文化財に指定されています。

▲本堂内に祀られている本尊千手観音（高さ4m）。

▶大谷寺の石仏群。

MAP P15

❶下野三十二番　❷千手大悲殿　❸梵字「キリーク」
❹天開山　❺大谷寺　❻大谷寺

▲池の中央に弁財天が祀られています。

▲山門（仁王門）。

第33番

■開山　不詳
■本尊　馬頭観世音菩薩
■建立　不詳

普《ふ》門《もん》山《さん》 蓮《れん》華《げん》寺《じ》

元真言宗

▲御堂には馬頭観世音菩薩と地蔵菩薩が安置されています。

▲六地蔵が並んでいます。

▲御朱印は近くの鈴木酒店で。

結願となる「岩本観音」

鳥居をくぐってしばらく石段を上って行くと、平坦なところに六地蔵とお堂があります。普門山蓮華寺は、明治初期の廃仏毀釈によって廃寺となってしまいました。本堂は取り壊され、現在は集会所として使用されていた建物が残っています。結願所の本尊は馬頭観世音菩薩で、「岩本観音」と呼ばれており、地域の人たちが管理しているようです。

—ご詠歌—

ふもんやま
しょほうじっそう
のりのこえ
うちおさめたる
さんぼだいしん

MAP P15

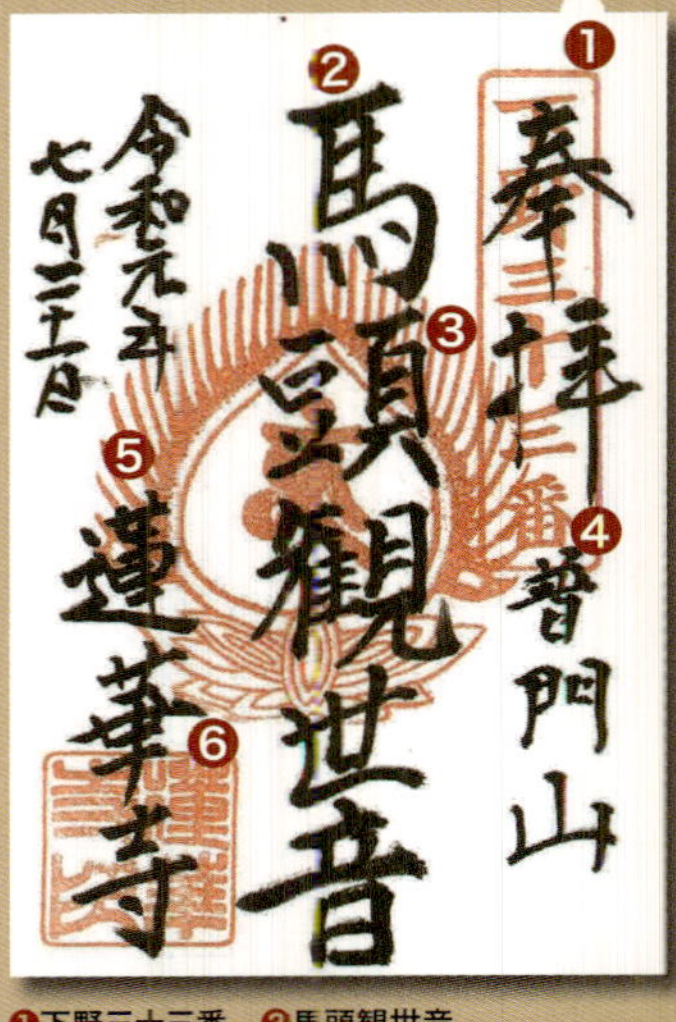

❶下野三十三番　❷馬頭観世音
❸梵字「カン」　❹普門山
❺蓮華寺　❺蓮華寺印

●所在地　宇都宮市新里町丁984
●電話　028-652-0068
●アクセス　日光宇都宮道路徳次郎ICより約10分
●駐車場　なし
●受付時間　9:00～17:00

番外

■開山　淳賀大和尚
■本尊　聖観世音菩薩
■建立　天文22年（1553年）

大《だい》雲《うん》山《さん》 龍《りゅう》蟠《ばん》寺《じ》

曹洞宗

▲本堂には江戸時代中期の作と伝わる聖観世音菩薩が安置されています。

▲石段を上ると正面が本堂。

▲水舎。

下野三十三観音旧三十二番

当初は龍蟠寺は下野三十三観音第32番札所でしたが、大谷寺が第32番となった現在は番外となりました。

天文22年（1553年）、鹿沼市玉田町瑞光寺7世である蘭渓大和尚によって開かれたお寺です。瑞光寺の数ある末寺のひとつで、火災によって本堂、古文書などは焼失してしまいました。

手入れの行き届いた境内は、参拝する人たちの心をほっと和ませてくれます。

MAP P17

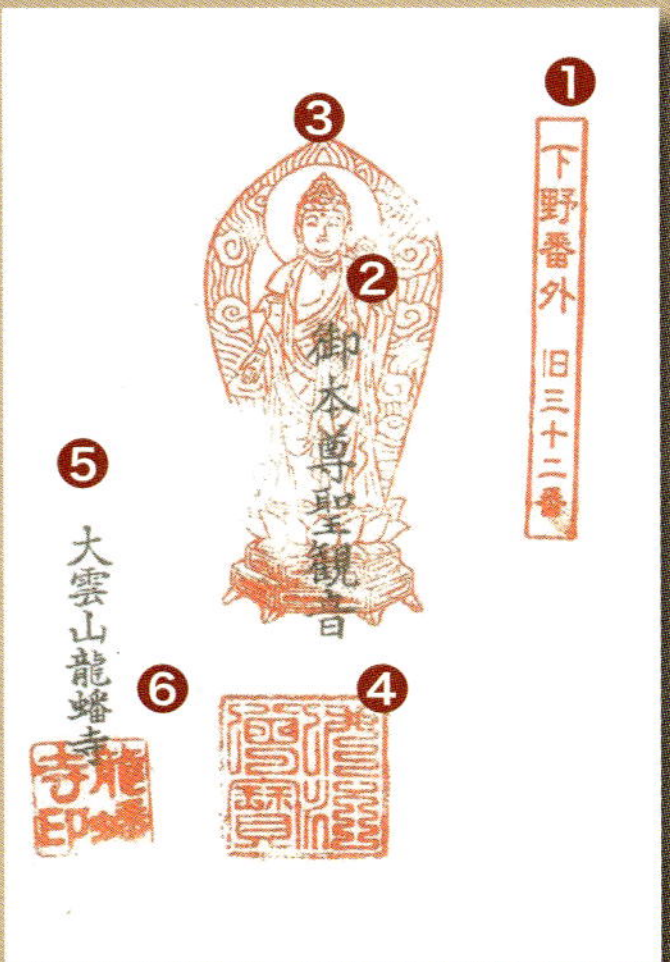

❶下野番外　旧三十二番　❷御本尊聖観音
❸御影印　❹三宝印　❺大雲山龍蟠寺
❻龍蟠寺印

●所在地　鹿沼市千渡681
●電話　0289-64-9940
●アクセス　東北自動車道鹿沼ICより約20分
●駐車場　あり　●受付時間　9:00～17:00
※堂内拝観は電話にて受付。

―ご詠歌―

いのるれば
ころのうちの
おおくもも
たちまちはれて
となうしょうみょう

別格

- ■開山　尊鎮法師
- ■本尊　不動明王
- ■建立　弘仁13年（822年）

▲北関東三十六不動霊場第18番札所のお寺です。

▲126段の石段。

▲山門。

多《た》気《げ》山《さん》 持《じ》宝《ほう》院《いん》

真言宗智山派

多気山不動尊の名で知られているお寺

日光開山の祖、勝道上人の弟子である尊鎮法師によって開かれたお寺です。多気山の中腹にあり、山門から126段の石段を上ると本堂があります。

下野三十三観音霊場　別格札所の本尊は馬頭観音で、弘法大師堂に祀られています。馬頭観音は持宝院創建当時の本尊で、建武2年（1335年）、宇都宮9代城主藤原公綱公により不動明王が本尊として遷座されました。

―ご詠歌―

あらかたや
ねがいをさずく
ふどうそん
しゅじょうをまもる
たげのみやまに

MAP P15

❶下野別格　❷馬頭大悲殿
❸梵字「ウン」　❹多氣山
❺持宝院　❻多気山印

- ●所在地　宇都宮市田下町563
- ●電話　028-652-1488
- ●アクセス　東北自動車道宇都宮ICより約10分
- ●駐車場　あり
- ●受付時間　9:00〜17:00

下野三十三観音　チェックリスト

第1番	清瀧寺	日光市清滝1－9－27	
第2番	観音寺	日光市上鉢石町1003	
第3番	四本龍寺	日光市山内2300	
第4番	如来寺	日光市今市710	
第5番	佐貫観音	塩谷郡塩谷町佐貫795	
第6番	円満寺	塩谷郡塩谷町船生1846	
第7番	観音寺	矢板市長井1875	
第8番	澤観音寺	矢板市沢393	
第9番	龍泉寺	大田原市山の手2－9－2	
第10番	長泉寺	大田原市堀之内453－2（納経所）	
第11番	太平寺	那須烏山市滝395	
第12番	永徳寺	芳賀郡市貝町市塙3501	
第13番	西明寺	芳賀郡益子町益子4469	
第14番	慈眼寺	芳賀郡市貝町赤羽2725	
第15番	長命寺	芳賀郡芳賀町下高根沢2970	
第16番	常珍寺	芳賀郡芳賀町西水沼1236	
第17番	善願寺	宇都宮市南大通り1－8－19	

第18番	能延寺	宇都宮市宮町2－10	
第19番	光明寺	宇都宮市本町9－18	
第20番	普門寺	宇都宮市茂原町445	
第21番	興生寺	下都賀郡壬生町本丸2－15－31	
第22番	玉塔院	栃木市都賀町原宿181	
第23番	善応寺	栃木市吹上町281	
第24番	近龍寺	栃木市万町22－4	
第25番	如意輪寺	栃木市大平町富田1455	
第26番	清水寺	栃木市大平町西山田3427	
第27番	日向寺	野市富岡町305	
第28番	鑁阿寺	足利市家富町2220	
第29番	満願寺	栃木市出流町288	
第30番	満照寺	鹿沼市深岩25	
第31番	千手院	鹿沼市千手町2610	
第32番	大谷寺	宇都宮市大谷町1198	
第33番	蓮華寺	宇都宮市新里町984	
番外	龍蟠寺	鹿沼市千渡681	
別格	持宝院	宇都宮市田下町563	

特集

▲本堂は鉄筋造りの現代の建物です。

■開山　勝道上人
■本尊　千手観音・阿弥陀如来・馬頭観音
■建立　天平神護2年（766年）

日《にっ》光《こう》山《ざん》 輪《りん》王《のう》寺《じ》

天台宗

日光山輪王寺は40余りのお堂や塔の総称

日光開山の祖、勝道上人が四本龍寺を建立したのがはじまりで、四本龍寺は下野三十三観音第三番札所とされています。弘仁1年（810年）に満願寺の号を受け、空海、円仁によって諸堂が建立されました。

慶長18年（1613年）江戸初期の天台宗の僧、慈眼大師天海大僧正が入寺し、徳川家康公の墓所として東照宮を造営。明暦1年（1655年）、後水尾天皇の皇子守澄法親王が初代門跡となり、寺名を輪王寺と改めました。

明治4年（1871年）、神仏分離令により日光東照宮、二荒山神社が独立し、寺は「満願寺」の旧名を称しましたが、明治18年（1885年）、日光山輪王寺となりました。本堂である三仏堂、徳川三代将軍家光公の霊を祀る大猷院、常行堂、慈眼堂などが国宝・重要文化財に指定されています。

ワンモアポイント

輪王寺券（三仏堂・大猷院合同券）
/大人900円・小中学生400円
三仏堂単独拝観券
/大人400円・小中学生200円
大猷院単独拝観券
/大人550円・小中学生250円

●所在地
日光市山内2300
●電話
0288-54-0531
●アクセス
日光宇都宮道路日光ICより約10分
●駐車場
あり（有料）
●拝観時間
4～10月8:00～17:00
11～3月8:00～16:00
（30分前まで受付）

三仏堂（国指定重要文化財）

平安時代に建立された輪王寺の本堂で当初は滝尾神社（現東照宮）付近に建立されました。本尊は千手観音・阿弥陀如来・馬頭観音の三体で、「三体の仏」から「三仏堂」と由来されています。三仏堂は慈覚大師円仁によって建立され、現在の建物は、正保2年（1645年）、徳川三代将軍家光公によって再建された時の姿で、明治4年（1871年）の神仏分離令の際、現在の場所へ移設されました。その後、昭和29年（1954年）から昭和36年（1961年）に大改修が行われています。令和元年（2019年）現在も約50年ぶりに大改修が行われています。

▲千手観音·阿弥陀如来·馬頭観音

▲三仏堂の前庭にある金剛桜。例年の開花は、4月20日ころ、満開は4月28日前後です。

大護摩堂

三仏堂の裏側に位置する護摩祈願所で一日3回の護摩祈願が毎日行われています。現在の建物は、平成10年（1998年）に完成したもので、堂内には平安中期に作られた本尊の不動明王を中心とした五大明王などが祀られています。

▲大護摩堂の前には天台宗特有の仏塔である「相輪橖」があります。

▲堂内1階では連日、護摩焚きをしています。

★護摩祈願（約50分）
7:30～　11:00～　14:00～
＊10分前までに大護摩堂受付へ
★写経体験（30分～90分）
9:00～15:00（最終受付）
11～3月は14:00
＊詳細は問い合わせを
（0238-54-0532）
（30分前まで受付）

薬師堂（国指定重要文化財）

寛永13年（1636年）に建立された、別名「本地堂」と呼ばれる本地仏「薬師瑠璃光如来」を安置したお堂です

薬師堂の龍の絵は、龍の顔の下で拍子木を打つと音が共鳴し、鈴を転がしているような龍の鳴き声に聞こえることから、「鳴龍」または「鈴鳴龍」と呼ばれているそうです。

薬師堂は日光東照宮境内にあり、拝観には「日光東照宮単独拝観券」（大人・高校生1300円　小中学生450円）が必要です。拝観時間は4月～10月8時～17時・11月～3月8時～16時（受付は閉門30分前まで）

大猷院（国宝）

承応2年（1653年）、徳川四代将軍家綱公によって建造された三代将軍家光公の廟所で、「大猷院」とは家光公が没した後に朝廷より下賜された諡号です。「死後も魂は日光山中に鎮まり、東照公おそば近く侍り、使えまつらん」との遺言から、大猷院は、祖父である家康公が祀られている東照宮に似た造りになっており、東照宮の方向を向いています。

本殿はたくさんの金彩が使われているので、金閣殿（きんかくでん）とも呼ばれています。裏側にまわると「皇嘉門」があり、その門の先に家光公の墓所があります。

▲大猷院の本殿拝殿。

▲「大猷院 二天門」（国指定重要文化財） 平成24年（2012年）より補修・改修工事が行われ、平成30年（2018年）に落慶しました。

常行堂（国指定重要文化財）

嘉祥元年（８４８年）に慈覚大師円仁によって建立されました。「法華堂」と渡り廊下で繋がっており、「二つ堂」と呼ばれています。この形式は比叡山延暦寺の「にない堂」と輪王寺の「二つ堂」のみといわれています。

常行堂は、仏の周りを歩きながら念仏を唱える「常行三昧」という修業を行うための建物で、内陣は本尊の周りをぐるりとまわれるような造りになっています。

現在のお堂はいずれも元和５年（１６１９年）に再建されたものです。

▲常行堂と法華堂。

黒門（国指定重要文化財）

家康公を日光に祀った天海大僧正によって建立された、本堂（三仏堂）の西側にある輪王寺の表門です。柱も屋根瓦も黒一色で通称「黒門」。案内板に「門跡寺院の格式を示す門」であると記されていますが、門跡寺院とは、皇族や貴族が僧侶となって住職を務めた特定の寺院のことです。

黒門は明治４年、本坊が焼失したとき、唯一焼け残った建物です。

▲黒門。

那須三十三所観音霊場

那須三十三所観音とは

「那須記」の馬頭小口村庄屋の大金重貞が天保2年に下野・白河の観音百堂を巡拝し、東三十四、南三十三、西三十三観音の三コースを合わせた「下野・陸奥百観音巡礼記」を残しました。その中の東三十四霊場が、後に那須三十三観音霊場となり、大正昭和に巡拝が盛んになりました。

以前のそれらを基として、那須郡の三十三ケ寺で現在の「那須三十三観音霊場」が再興されました。

この霊場は順番にまわると約２４０kmだそうです。那須三十三所観音霊場会（http://www.nasu33.com/）があり、令和元年現在、「第16番　雲照寺」が代表寺となっています。

発願のお寺「第1番　明王寺」と「第4番　養福院」は兼務されており、養福院の御朱印も明王寺でいただけます。参拝時間が定められていないお寺もありますが、16時くらいまでに訪問するのが望ましいように思います。また、お寺をめぐる際は、動きやすい服装、履物で出かけるようにしましょう。

那須三十三所観音霊場
車で巡る3日間

1日目

2日目

3日目

4日目

東北自動車道
老久保
南湖公園
鬼越
池下
双石
みさか
東北本線
上ノ原
294
那須ちふり湖
カントリークラブ
白坂駅
東北新幹線
289
新夏梨
関辺
大字豊原乙
山形新幹線・秋田新幹線
白坂
4
大字豊原丙
矢ノ目ダム
表郷内松
那須高原スマートIC
大字豊原甲
表郷中野
豊原駅
294
那須町
旗宿
大字寄居
10 與樂寺 P.92
大字寺子丙
東北本線
伊王野白河線
那須陽光
ゴルフクラブ
黒田原駅
大字富岡
8 三光寺 P.88
大字横岡
大字豊原
大字簑沢
大字大畑
9 揚源寺 P.90
大字寺子乙
余笹川
りんどうライン
大字芦野
4 養福院 P.83
大字梓
大字寺子
294
黒磯棚倉線
那須トレーニングファーム
大字東岩崎
大字伊王野
7 最勝院 P.87
寺子
大字大和須
大字沼野井
5 正福寺 P.84
余笹川
越堀
大字睦家
6 會三寺 P.86
両郷
大字梁瀬
那珂川
N
1km

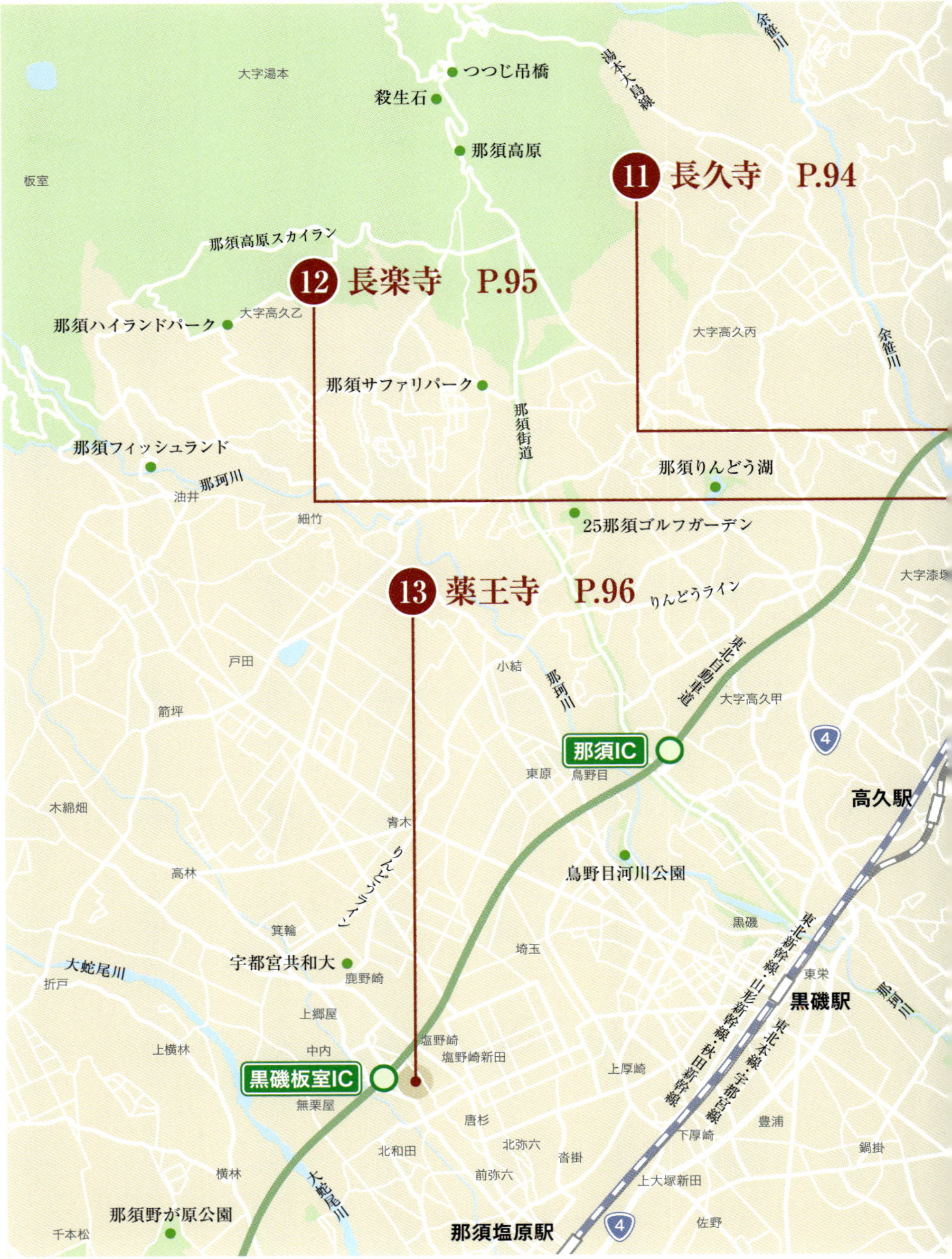
大字湯本
つつじ吊橋
殺生石
那須高原
湯本大島線
余笹川
板室
11 長久寺 P.94
那須高原スカイライン
12 長楽寺 P.95
大字高久乙
那須ハイランドパーク
大字高久丙
余笹川
那須サファリパーク
那須街道
那須フィッシュランド
那珂川
油井
那須りんどう湖
細竹
25那須ゴルフガーデン
13 薬王寺 P.96
りんどうライン
東北自動車道
戸田
小結
那珂川
大字高久甲
箭坪
4
那須IC
東原
鳥野目
高久駅
木綿畑
青木
りんどうライン
高林
鳥野目河川公園
黒磯
箕輪
埼玉
東北新幹線・山形新幹線・秋田新幹線
東栄
大蛇尾川
宇都宮共和大
鹿野崎
折戸
黒磯駅
那珂川
東北本線・宇都宮線
上郷屋
塩野崎
上横林
中内
塩野崎新田
上厚崎
黒磯板室IC
無栗屋
唐杉
豊浦
北和田
北弥六
沓掛
下厚崎
鍋掛
横林
前弥六
上大塚新田
大蛇尾川
那須野が原公園
4
佐野
千本松
那須塩原駅

余笹川
両郷
大字梁瀬
那珂川
大字稲沢
294
3 光厳寺 P.82
河原
南方
川田
寺宿
中野内
寒井
2 不動院 P.81
大久保
大輪
桧木沢
久野又
黒羽運動公園
蜂巣
雲岩寺
那珂川
堀之内
余瀬
黒羽向町
前田
1 明王寺 P.80
北野上
大田原市
461
大豆田
金丸
461
八塩
大田原ゴルフ倶楽部
狭原
北滝
22 極楽寺 P.108
須佐木
小船渡
湯津上
294
須賀川
那須スポーツパーク
31 總徳寺 P.119
亀久
那珂川
片田
21 頂蓮寺 P.107
蛭畑
小砂
461
佐良土
23 法輪寺 P.110
矢倉
法寺
箒川
大山田下郷
谷川
461
N
和見
盛泉
恩田
小川
小口
294
32 松慶寺 P.122
1km

14 慶乗院 P.97
15 宗源寺 P.98
16 雲照寺 P.100
17 長泉寺 P.102
18 実相院 P.103
19 金剛寿院 P.104
20 宝寿院 P.106
横林
大蛇尾川
前弥六
東北新幹線・山形新幹線・秋田新幹線
上大塚新田
千本松
那須野が原公園
千本松牧場
接骨木
4
那須塩原駅
佐野
野間
鍋掛牧場
西那須野塩原IC
西遅沢
東北本線・宇都宮線
練貫
沼野田和
羽田パブリック
北赤田
井口
市野沢
羽田
東北自動車道
上赤田
下中野
東赤田
400
乙連沢
富池
南赤田
東関根
四区町
西赤田
東三島
槻沢
戸野内
大蛇尾川
三島
南郷屋
小滝
今泉
烏ケ森公園
荒井
三区町
永田町
石林
西那須駅
紫塚
中田原
下永田
北金丸
本町
山の手
北二つ室
大田原西那須野バイパス
上奥沢
上石上
4
二区町
二つ室
大山通り
美原
箒川
南大通り
奥沢
若草
浅香
北大和久
那須野ヶ原
カントリークラブ
加治屋
鹿畑
下石上
野崎駅
461
一区町
荻野目
山田
東北本線・宇都宮線・上野東京ライン
東北新幹線・山形新幹線・秋田新幹線
実取
土屋
親園
荒井
花園
上府田
平沢
箒川
針生
滝沢
滝岡
長峰公園
箒川
新宿
蛭田
矢板駅
豊田
佐久山
福原
与一公園
成田
東町
中
大神
御前原城
木幡
上河戸
藤沢
安沢
芳井
境林
4
山苗代
矢板IC
片岡
下河戸
こぶし台
穂積

33 光照寺 P.123
30 馬頭院 P.118
25 長泉寺 P.113
26 養山寺 P.114
28 天性寺 P.116
29 宝蔵寺 P.117
恩田
小川
小口
盛泉
461
293
294
健武
那珂川町
東戸田
片平
吉田
北向田
大内
高岡
谷田
那珂川
久那瀬
白久
矢又
烏山城ゴルフ練習場
大桶
松野
中山
富山
谷浅見
熊田
小田野
滝田
大沢
南大和久
月次
鷲子
岩子
那須烏山市
中央
大金駅
東原
高瀬
神長
金井
烏山駅
荒川
小塙
滝駅
烏山線
南
上境
横枕
大里
小塙駅
大木須
森田
野上
烏山野球場
大岩
G7カントリー倶楽部
落合
下境
市貝町芝ざくら公園
向田
小木須
油河内
大字塩田
大字見上
大字黒田
大字河又
大字山内
字大谷津
小原沢
大字続谷
千田
1km
N
大字入郷
大字竹原

24 宝蔵院 P.112
27 安楽寺 P.115
矢板IC
東北自動車道
東北新幹線・山形新幹線・秋田新幹線
東北本線・宇都宮線・上野東京ライン
烏山線
片岡駅
蒲須坂駅
氏家駅
宝積寺駅
岡本駅
下野花岡駅
仁井田駅
鴻野山駅
大日向カントリー倶楽部
さくら市総合公園
宇都宮ガーデンゴルフクラブ
栃木県民ゴルフ場
高根沢町元気あっぷむら親水公園
宮内庁御料牧場
荒川
鬼怒川
五行川
ふるさと田園通り
山苗代
こぶし台
片岡
石関
越畑
鷲宿
桜ヶ丘
下河戸
南和田
穂積
金枝
乙畑
大槻
松島
喜連川
鹿子畑
小入
さくら市
蒲須坂
箱森新田
上川井
押上
長久保
松山新田
早乙女
葛城
松山
下川井
向河原
富野岡
馬場
上野
三箇
櫻野
鍛冶ヶ澤
狭間田
小白井
柿木澤新田
藤田
芦沼町
氏家新田
氏家
鴻野山
大字伏久
大字文挟
小倉
宇井
大字大谷
田野倉
下ヶ橋町
上阿久津
大字花岡
大字飯室
大字亀梨
福岡
大字平田
大字上柏崎
大字中阿久津
白沢町
大字西高谷
高根沢町
八ヶ世
大字石末
大字寺渡戸
大字宝積寺
大字太田
光陽台
宝石台
曲畑
中岡本町
大字栗ヶ島
海道町
大字中柏崎
大字給部
大字八ツ木
大字上高根沢
上野町
板戸町
大字上稲毛田
293
4
408

第1番

■開山　興定法印
■本尊　聖観世音
■建立　天文2年（1533年）

高《たか》岩《いわ》山《さん》 明《みょう》王《おう》寺《じ》

真言宗智山派

▲昭和30年に完成した本堂。

▲聖観世音が安置されている観音堂。

▲八溝七福神の恵比須尊があります。

八溝七福神の恵比須尊霊場としても知られているお寺

山門の前ではかわいい小坊主の石像がお出迎え。境内には松尾芭蕉が詠んだ句碑があります。

創建当時は現在の川西小学校の近くにありましたが、天正4年（1574年）、黒羽城築城の際に現在地に移転しました。明治12年（1879年）、火災によって全焼後、昭和30年（1955年）に現在の本堂が完成しました。那須三十三観音霊場の観音様は観音堂に祀られています。

●所在地　大田原市黒羽向町185
●電話　0287-54-0717
●アクセス　東北自動車道西那須野ICより約30分
●駐車場　あり　●受付時間　8:30～17:00

―ご詠歌―

なくとりと
かわのせおとも
のりのこえ
だいじだいひと
おがむうれしさ

MAP P76

❶那須第一番　❷大悲殿
❸梵字「サ」　❹発願所
❺高岩山　❻明王寺　❼下野国高岩山明王寺

第2番

■開山　不詳
■本尊　不動明王
■建立　慶長15年（1610年

明《みょう》王《おう》山《さん》 不《ふ》動《どう》院《いん》

真言宗智山派

▲厄除十一面観世音が祀られている観音堂。

▲八溝七福神霊場「布袋尊」が祀られています。

▲市の天然記念物に指定されているカヤの木。

黒羽城の北門が山門として移築された

昭和９年（１９３４年）に建立された観音堂に、十一面観世音菩薩が祀られています。この観音様は、南北朝時代（14世紀）に敬刻されたもので、常陸（茨城県）の佐竹家から黒羽の大関家に嫁いだ姫の念持仏と伝えられています。一木造り、像高は１１０，５センチメートルで、市の有形文化財に指定されています。

また、観音堂脇の「カヤの木」は、市の天然記念物に指定されており、すぐそばは縄文時代の土器などが出土している遺跡となっています。

MAP P76

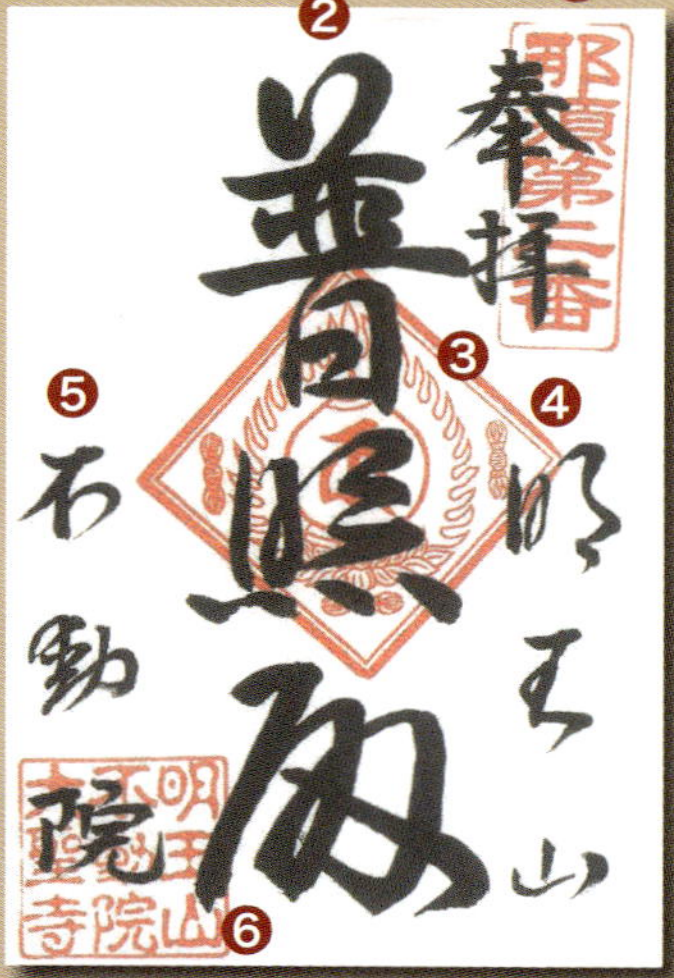

❶那須第二番　❷普照殿
❸梵字「キャ」　❹明王山　❺不動院
❻明王山不動院大聖寺

●所在地　大田原市久野又467
●電話　0287-59-0403
●アクセス　東北新幹線那須塩原駅より車で約30分
●駐車場　あり　●受付時間　9:00〜17:00

— ご詠歌 —

あまのだい
なむやかんのん
やくよけは
むくせいじょう
のだいじのひかり

第3番

■開山　一円禅師
■本尊　聖観世音
■建立　承安元年（1171年）

正《しょう》覚《がく》山《ざん》 光《こう》厳《ごん》寺《じ》

臨済宗妙心寺派

▲聖観世音菩薩が安置されている観音堂。

▲「光厳寺高増墓地」。

▲康元2年(1257年)、現在地に移り再建されました。

往年那須家ゆかりのお寺

那須与一宗隆が唐の沙門一円禅師を招いて高館城の南に建立したのが始まりといわれています。天正6年、那須氏に代わり黒羽城主大関美作守高増が再中興開山となりました。

境内の「光厳寺高増墓地」は市の文化財に指定されており、晩年は光厳寺に隠棲し、慶長3年に亡くなった大関美作守高増の墓があります。墓碑は、宝篋印塔と五輪塔が混在した形状で、高さ124センチメートル（台座13センチメートル）です。

MAP P74

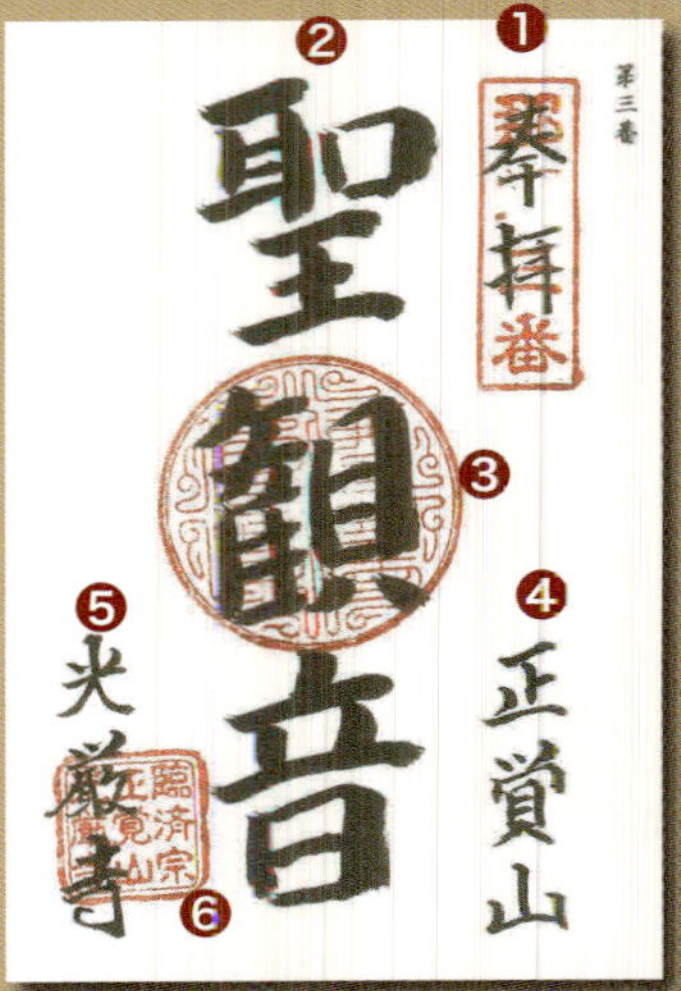

❶那須第三番　❷聖観音
❸三宝印　❹正覚山
❺光厳寺　❻臨済宗正覚山光厳寺

●所在地　大田原市寺宿303
●電話　0287-59-0350
●アクセス　JR黒磯駅より車で約30分
●駐車場　あり　●受付時間　9:00～17:00

―ご詠歌―

やみぞねの
ゆうやけぐもに
こうごんの
まよいをさとす
いりあいのかね

第4番

■開山　亮海和尚
■本尊　薬師如来
■建立　不詳

妙《みょう》賀《が》山《さん》 養《よう》福《ふく》院《いん》

真言宗智山派

▲厄除十一面観世音が祀られている観音堂。

▲石塔と那須三十三所観音霊場の案内柱から奥へ進みます。

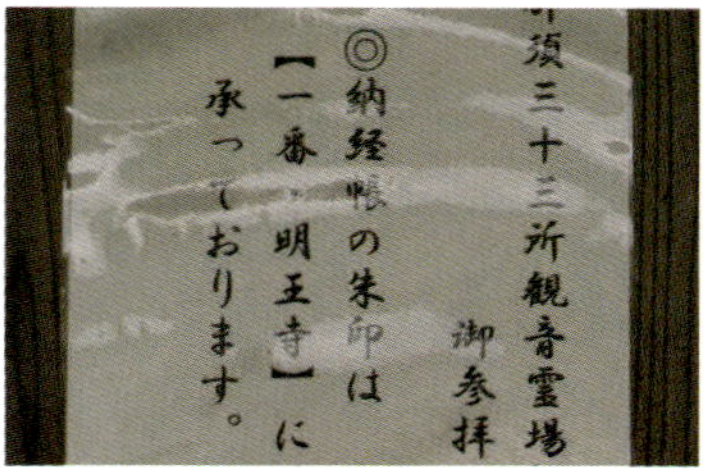

▲納経、御朱印は第一番明王寺へ。

地域に守られている無住の御堂

ここは那須三十三観音霊場第一番明王寺の末寺で、「目の仏様」として信仰のあったお寺であったと伝わります。再三の火災によりお寺は焼失してしまい、開創年代などの詳細はわかっていません。境内に江戸中期の石塔があるとから、元文2年(1737年)以前の創建であると考えられています。

御堂内には札所本尊の千手観世音菩薩と薬師如来が安置されていますが、無住であるため、納経所は第一番明王寺となっています。

MAP P74

❶那須観音第四番　❷千手観音
❸梵字「キリーク」　❹妙賀山　❺養福院
❻下野国妙賀山養福院

●所在地　那須郡那須町蓑沢656
●電話　0287-54-0717(明王寺内)
●アクセス　JR黒磯駅より車で約30分
●駐車場　あり　●受付時間　9:00～17:00

―ご詠歌―

ぶつどうを
たずねてみれば
われもなし
ほとけもあらじ
みなこれかんのん

▲本堂は令和元年現在改築中で令和2年7月に完成予定です。

第5番

■開山　徳一上人
■本尊　聖観世音菩薩
■建立　弘仁4年（813年）

補《ふ》陀《だ》洛《らく》山《さん》 正《しょう》福《ふく》寺《じ》

真言宗智山派

平安時代からの歴史があるお寺

北関東にゆかりの深い徳一上人によって開かれたお寺です。その後、室町時代初期に宥印法印が中興開山し真言宗に改宗しています。昭和３年（１９２８年）、伊王野小学校の校庭拡張に伴い、現在地に移転しました。

境内には那須の名木のひとつであるサルスベリがあり、推定樹齢２００年以上のものといわれています。また、お寺の背後は八溝自然公園となっており、桜や椿など四季折々の風景が楽しめます。

―ご詠歌―

おもかげに
たつかんぜおん
はるははな
あきはもみじの
ふだらくのやま

ワンモアポイント

那須町文化財に指定されている
弘法大師御影図五大力尊画像
があります。

●所在地
那須郡那須町伊王野2003
●電話
0287-75-0401
●アクセス
JR黒磯駅より車で約25分
●駐車場
あり
●受付時間
9:00～17:00

本尊は木造の聖観世音菩薩で、不動明王、地蔵菩薩が脇侍仏として左右に控えています。また、室町時代に作られた鰐口（県指定文化財）など、寺宝も多いお寺です。

▲本堂内陣。

▶サルスベリの木。

MAP P74

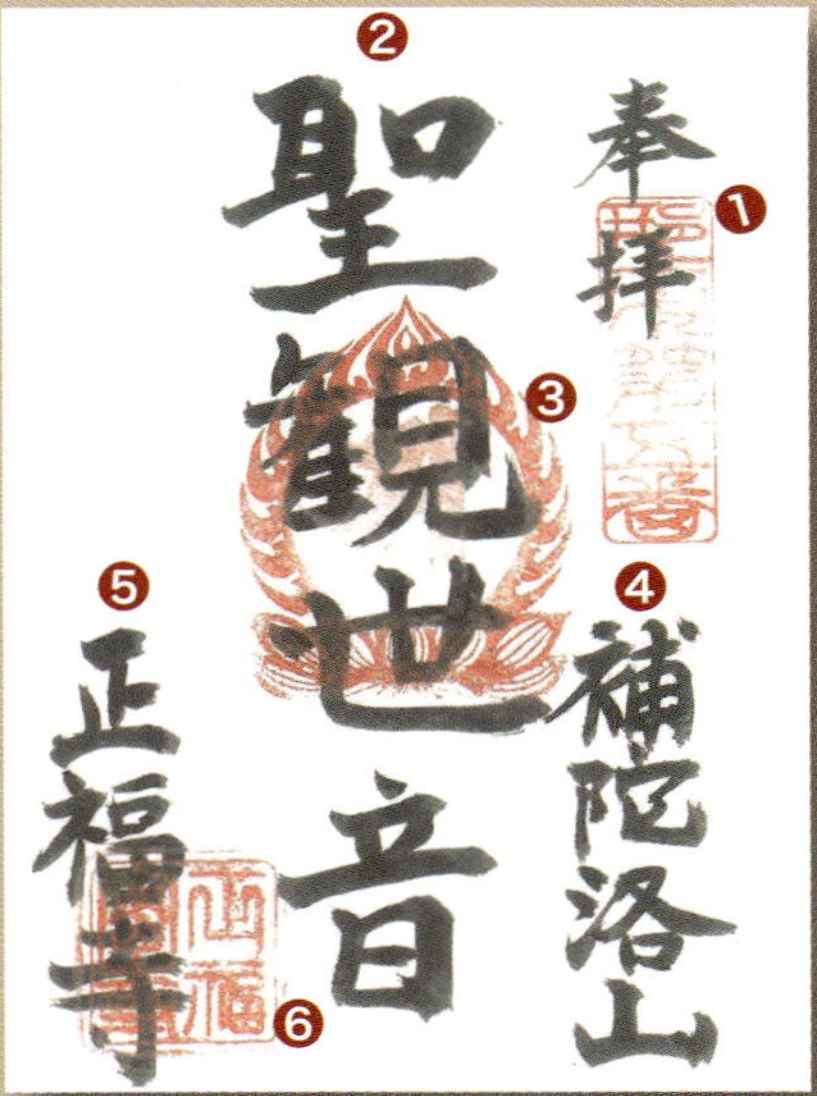

❶那須第五番　❷聖観世音　❸梵字「サ」
❹補陀洛山　❺正福寺　❻正福寺印

▲池境内にある大黒天。

▲豊かな緑に囲まれたお寺です。

第6番

- ■開山　謙応和尚
- ■本尊　聖観世音菩薩
- ■建立　元亀元年(1570年)

普《ふ》門《もん》山《さん》會《え》三《さん》寺《じ》

真言宗智山派

▲平成10年(1998年)に再建された本堂。

▲境内にある地蔵堂。

▲本堂内

子どもの病気にご利益があるお地蔵様

八溝山、那須連峰を望む「余笹川見晴らし公園」の近くにあるお寺です。享保年間(1716～1736年)にこの地で疫病が大流行し、大勢の子どもが亡くなった際、第14代住職法印旺盛が111体の木造地蔵尊をまつるよう呼びかけ菩提を弔ったことから、現在も境内の地蔵堂に大小80体の地蔵尊が「はしか地蔵」として祀られています。

札所本尊の聖観世音菩薩は本堂内に安置されています。

MAP P74

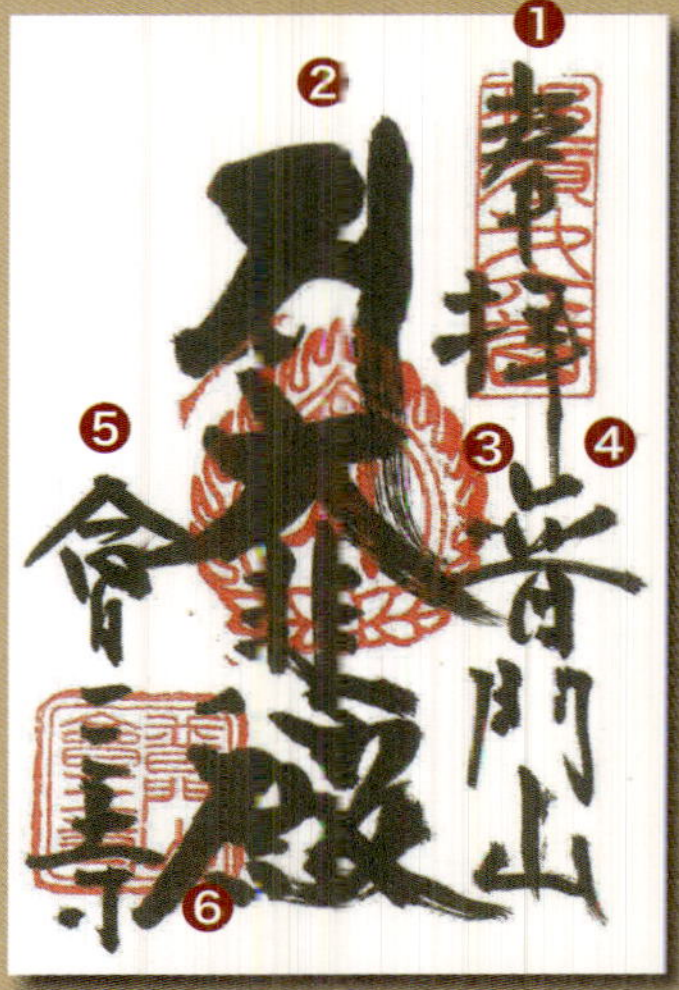

❶那須第六番　❷梵字「サ」・大悲殿
❸梵字「サ」　❹普門山
❺會三寺　❻普門山會三寺

●所在地　那須塩原市寺子1246
●電話　0287-63-6913
●アクセス　JR黒磯駅より車で約15分
●駐車場　あり　●受付時間　9:00～17:00

—ご詠歌—

はきそあけて
ふだうちそぐる
いさくにや
ほさじさともに
こまかえるや

第7番

米《よね》沢《さわ》山《さん》 最《さい》勝《しょう》院《いん》

曹洞宗

▲芦野陣屋跡地。

▲高野槙(県指定天然記念物)

芦野地区は戦国大名那須氏の一族、芦野氏の城下として栄え、後に奥州街道の宿駅として栄えたところです。
最勝院は芦野氏の菩提寺だったお寺です。
ご住職のご希望により、ご紹介は控えさせていただきます。

～さんぽみち～

芦野城跡

●所在地　栃木県那須郡那須町大字芦野1039

芦野の町並みを見おろす小高い丘の上にあり、「御殿山」や「桜ケ城」と呼ばれています。本丸跡の高野槙は県の天然記念物に指定されています。また、春は桜の名所としても知られており、敷地内には、約800本のソメイヨシノが見事に咲き誇ります。

—ご詠歌—

つみとがも
なおきえぬべし
よのなかの
よしあしのはに
むすぶつゆ

▲本堂には千手観世音菩薩が安置されています。

第８番

■開山　不詳
■本尊　大聖歓喜天
■建立　不詳

台《たい》明《めい》山《さん》 三《さん》光《こう》寺《じ》

高野山真言宗

―ご詠歌―

たいめいの
やまよりいづる
みょうちりょく
せんじゅのちかい
たのもしきかな

日本三所聖天の歓喜天像

創建・開基などについては不詳ですが、戦国時代後期、宥徳上人の中興開山と伝わります。三十三観音札所本尊は千手観世音菩薩で、本堂に安置されています。

聖天様が祀られていることで広く知られているお寺で、浅草の待乳山聖天（本龍院）、熊谷市の妻沼聖天（歓喜院）とともに日本三所聖天の一つと伝わります。三光寺の聖天様は、弘仁9年（818年）、疫病が流行した際、弘法大師が勅命により一木三体の歓喜天像を彫り、その一体を宥覚上人が勧請したものです。

ワンモアポイント

毎年8月19日の縁日には花火大会も開かれます。

●所在地
那須郡那須町芦野2836
●電話
0287-74-0054
●アクセス
JR黒磯駅より車で約25分
●駐車場
あり
●受付時間
9:00～17:00

聖天を祀る殿堂の扁額「聖天」と掛軸の書は、白河城主松平定信公によるもので、この時の添書もあります。また、境内には扁額奉納記念として植樹されたといわれる銘木「松翁」があります。

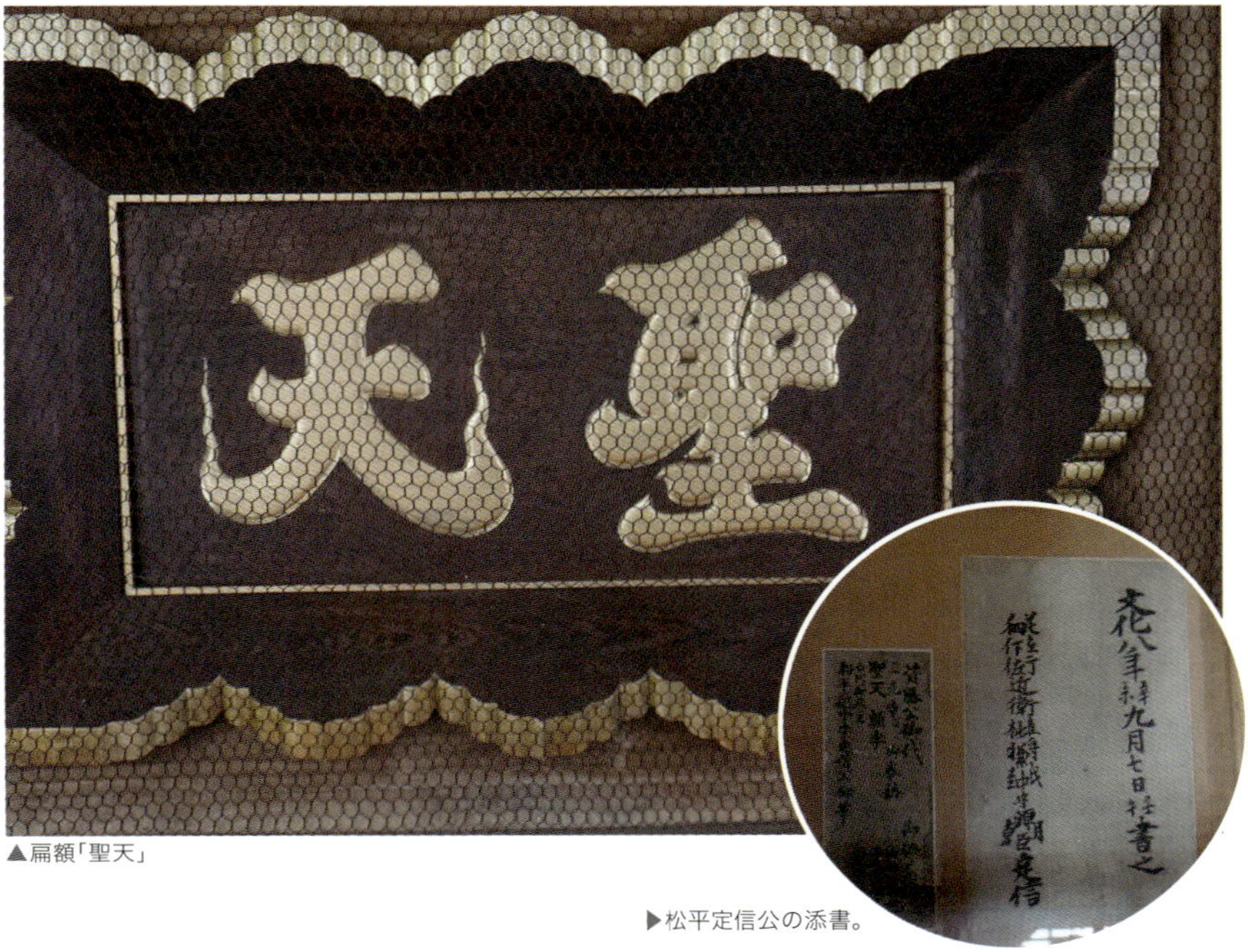

▲扁額「聖天」

▶松平定信公の添書。

MAP P74

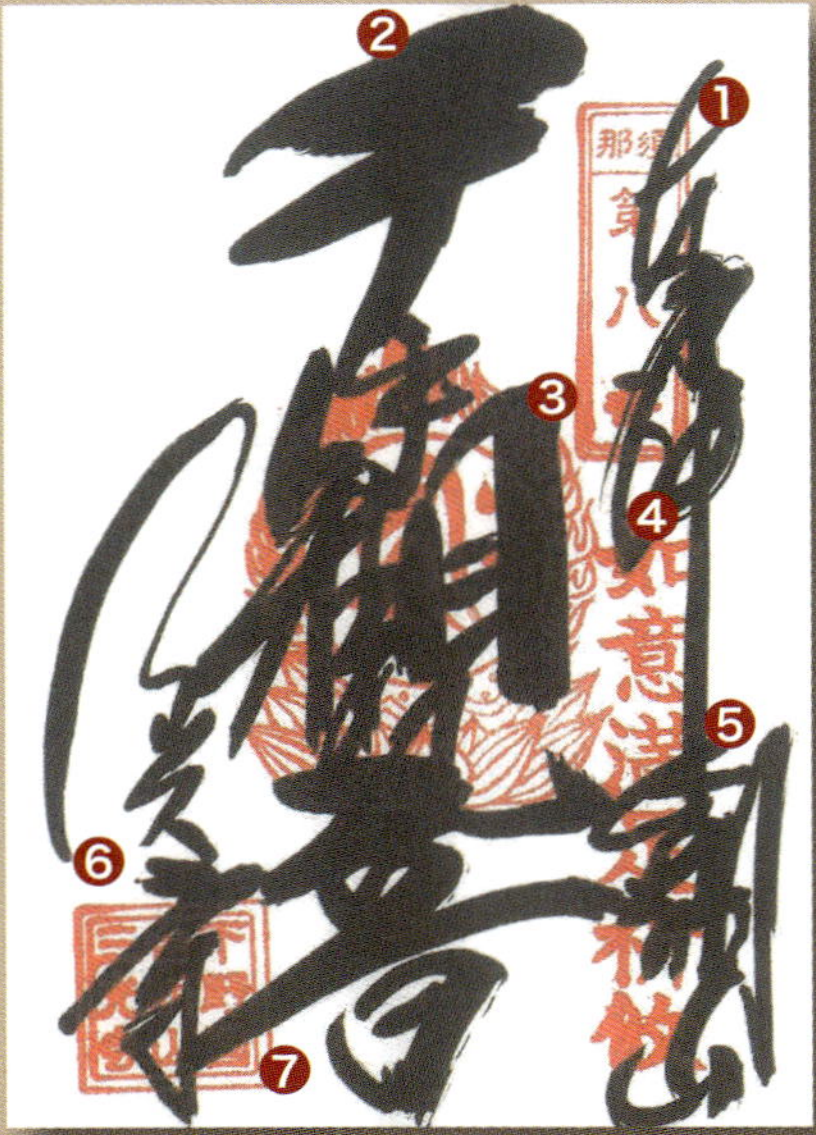

❶那須第八番　❷千手観音　❸梵字「キリーク」
❹如意満足祈攸　❺台明山　❻三光寺
❼下野国三光寺

▲八溝七福神の毘沙門天。

▲みごとな黒松が目をひきます。

▲本堂は平成元年～２年に大改修されました。

第9番

■開山　不詳
■本尊　大聖歓喜天
■建立　不詳

東《とう》廬《ろ》山《さん》 揚《よう》源《げん》寺《じ》

天台宗

— ご詠歌 —

ほうのはな
さくみちもとめ
みとびらを
ひらくおからだ
なむかんぜおん

那須町指定天然記念物アスナロウ

創建は寛永年間（１６２４～１６４４年）に栄賢和尚が中興開山し、愛宕山から現在地に移転したと伝わります。本尊の聖観世音は、明治21年（１８８８年）に境明神の本地仏だったものが奉納されました。また、大正4年（１９１５年）には、芳賀延生山地蔵尊（城興寺）の分影を安置しています。

境内に向かって左手奥、渓流のところに不動明王が安置されており、その後ろに御神木のアスナロウの木があります。「明日なろう」と、この木に願いごとをする人もいるといいます。

ワンモアポイント

あすなろ不動尊は願かけ不動としても知られています。

●所在地
那須郡那須町芦野2901-2
●電話
0287-74-0548
●アクセス
JR黒磯駅より車で約20分
●駐車場
あり
●受付時間
9:00～17:00

「アスナロウ」は、揚源寺が移転する前から現在の場所にあったと考えられており、樹高21.6メートル、周囲4.5メートル、樹齢約600年と推定されています。

▲本堂内。

MAP P74

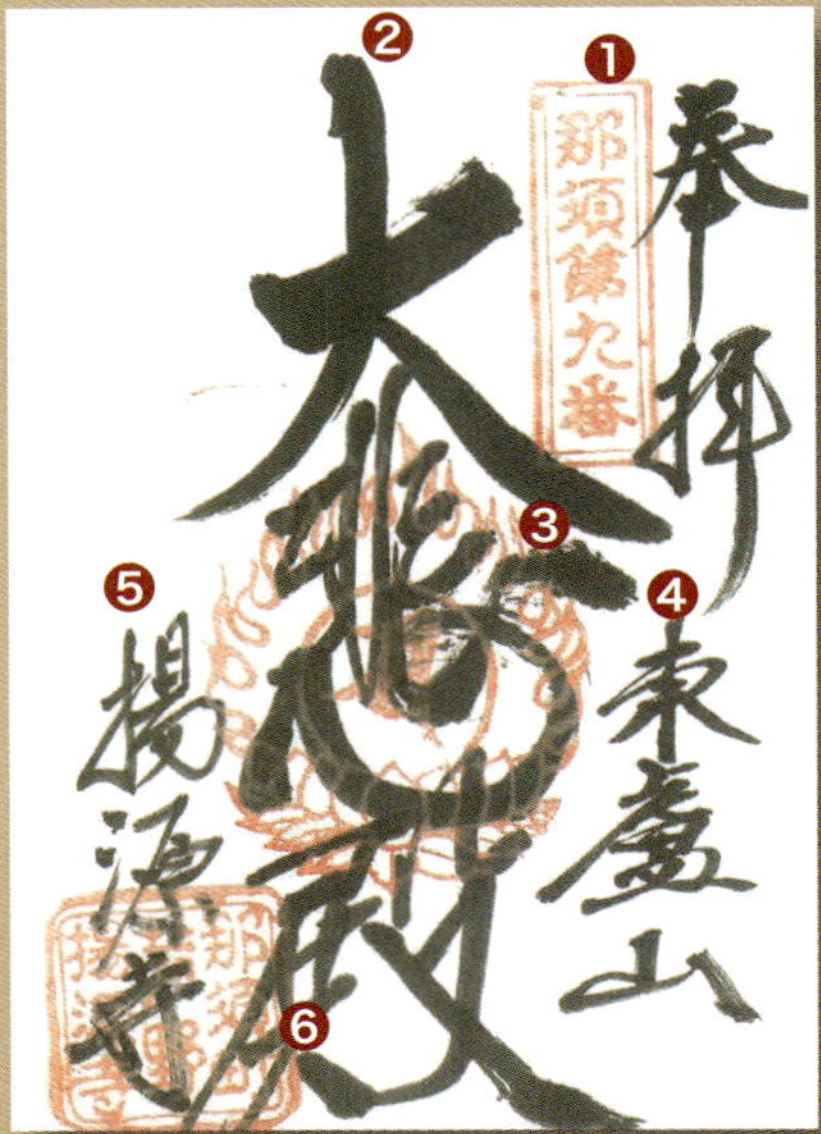

❶那須第九番　❷大悲殿　❸梵字「サ」
❹東盧山　❺揚源寺　❻那須町芦野揚源寺

▲「アスナロウ」。願かけ不動として、お礼に大剣を奉納する人も。

第10番

■開山　徳一大師
■本尊　薬師如来
■建立　延暦年間
（782〜806年）

抜《ばつ》苦《く》山《さん》　與《よ》樂《らく》寺《じ》

真言宗智山派

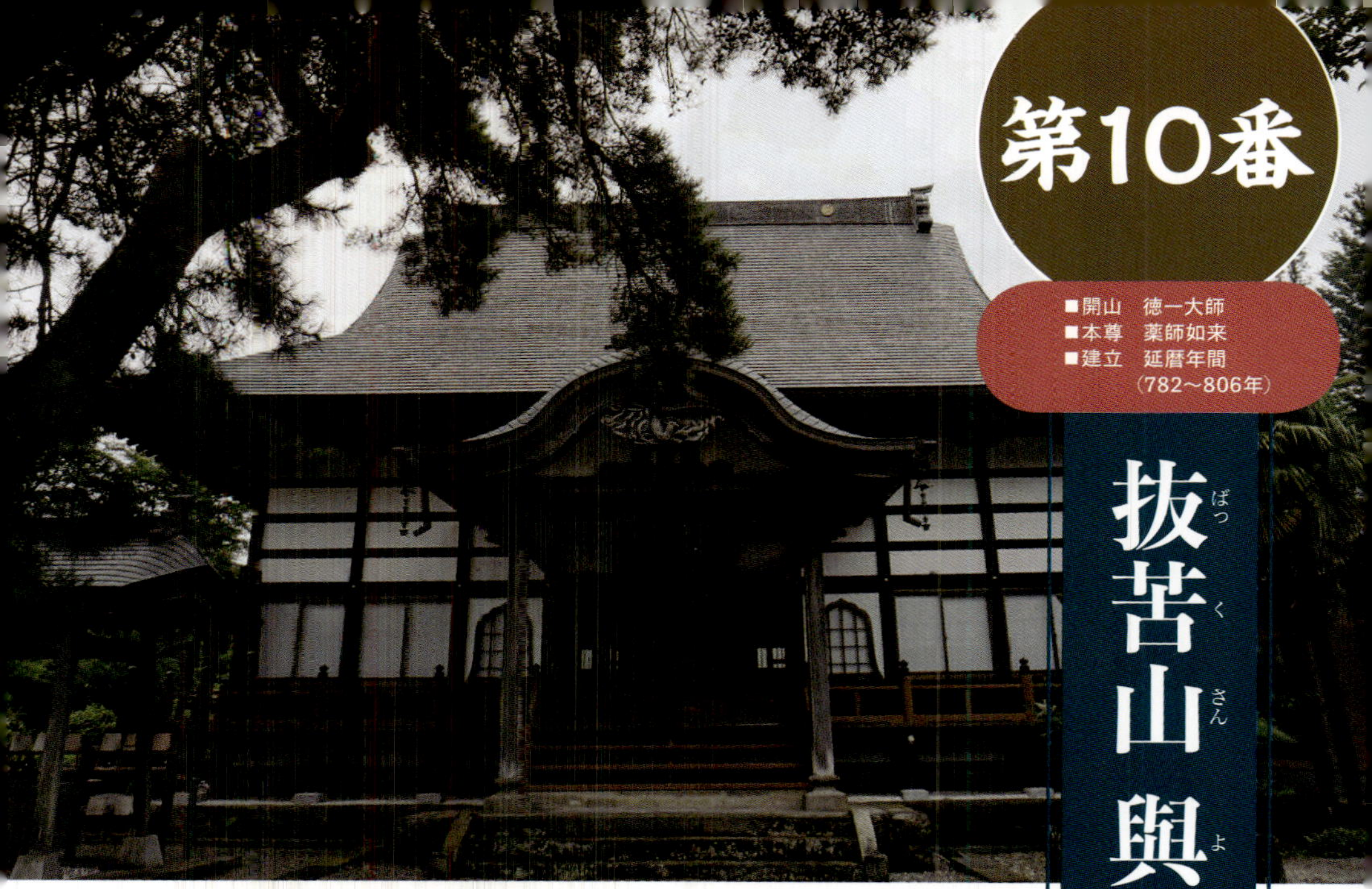

▲現在の本堂は大正３年から９年の月日をかけて再建されたもの。

境内には那須の名木樹齢１５０年以上の山桜

延暦年間（７８２〜８０６年）、徳一大師が巡錫の途上でこの地に御堂を建立し、持仏の「聖観世音菩薩」を安置したのが始まりと伝わります。その後、享保年間に卓和和尚が本尊の薬師如来を安置して現在の与楽寺を開山。寛政年間には真観和尚が再建して中興開山となりました。

本堂に安置されている薬師如来は「関東薬師九十一霊場」の第66番としても親しまれており、那須三十三所観音霊場の本尊「聖観世音菩薩」は観音堂に安置されています。

―ご詠歌―

あんぎゃして
ほとけのみちを
たづぬれば
あめはふったり
かぜはふいたり

ワンモアポイント

御朱印は境内の納経所にていただけます。

●所在地
那須郡那須町寄居1083
●電話
0287-74-0529
●アクセス
JR黒田原駅より車で約10分
●駐車場
あり
●受付時間
9:00〜17:00

那須三十三所観音霊場の本尊「聖観世音菩薩」は大正15年に再建された観音堂に安置されています。境内には那須の名木に選ばれた山桜の大木があり、春は参拝者の目を楽しませてくれます。

▲大正15年(1926年)に再建された観音堂。

MAP P74

❶那須第十番　❷梵字「サ」・聖観世音
❸三宝印　❹抜苦山　❺與楽寺
❻抜苦山与楽寺

▲那須の名木のひとつ「与楽寺の山桜」。

▲階段を上ると正面に本堂が見えます。

第11番

■開山　宥澄和尚
■本尊　聖観世音菩薩
■建立　寛永2年（1625年）

瓔《よう》珞《らく》山《さん》長《ちょう》久《きゅう》寺《じ》

高野山真言宗

▲本堂は昭和45年（1970年）に再建されました。

▲本堂内。

▲新しい寺票。

那須三十三所観音霊場で最北端に位置するお寺

寛永2年（1625年）、宥澄和尚の開山と伝わります。明治42年（1909年）の火災によってほとんどのものを焼失してしまいましたが、翌年、那須町狸久保で廃寺であった延命院の建物を譲り受けて再建されました。

境内には江戸時代初期のものと推定される五輪塔が数基あります。

— ご詠歌 —

まよいぬる
ろくどうのしゅじょう
すくはんと
だいじだいひの
なむかんぜおん

MAP P75

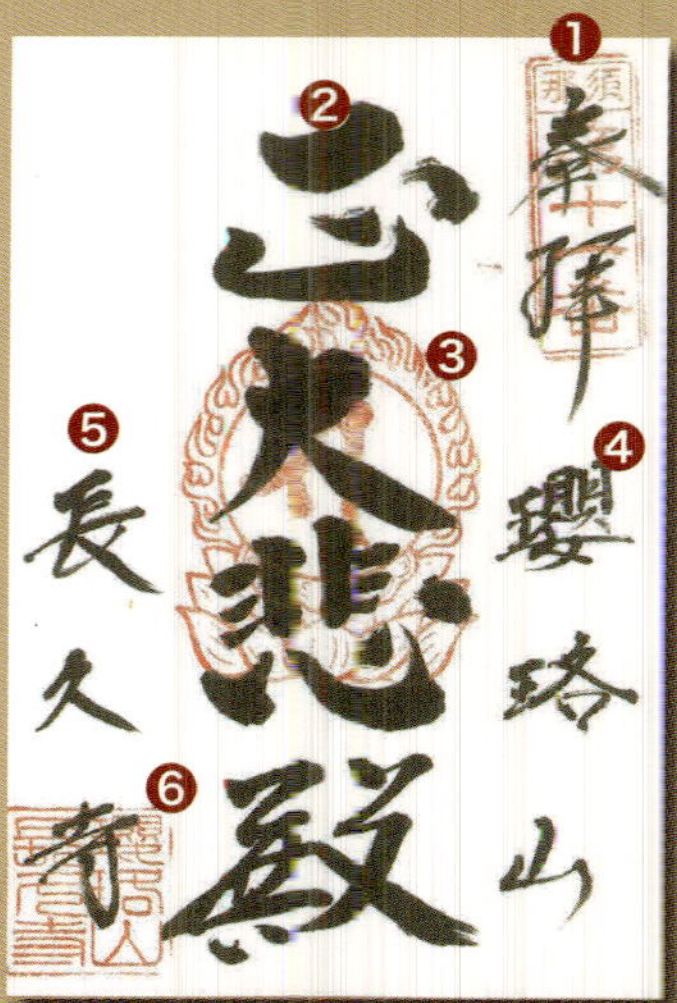

❶那須観音第十一番　❷正大悲殿
❸梵字「サ」　❹瓔珞山
❺長久寺　❻瓔珞山長久寺

●所在地　那須郡那須町豊原丙2204
●電話　0287-72-6097
●アクセス　那須高原スマートICより車で約3分
●駐車場　あり　●受付時間　9:00～17:00

▲本堂。

第12番

■開山　暁祥和尚
■本尊　准胝観音
■建立　寛永7年(1630年)

小《こ》島《じま》山《さん》 長《ちょう》楽《らく》寺《じ》

真言宗智山派

▲観音堂。

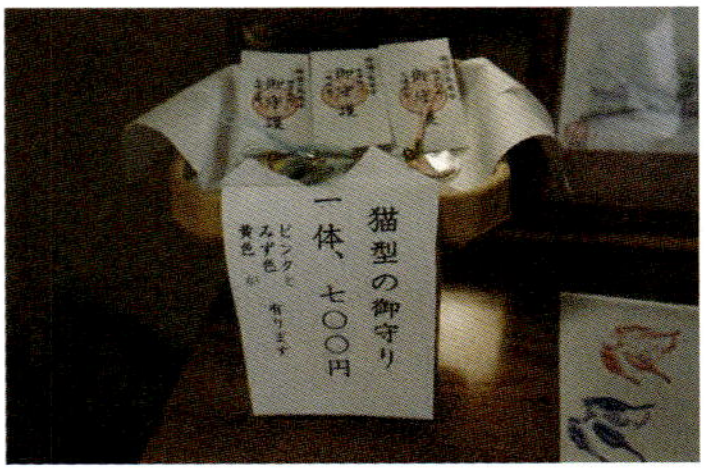

▲猫型の御守とかわいいスタンプがあります。

猫で話題の長楽寺

猫写真家として知られている石原さくらさんの「てらねこ」で知られているお寺です。4匹に囲まれた住職の日常が綴られたツイッターが話題になり、猫の形をした御守が人気を集めています。

長楽寺は寛永7年に本尊を薬師如来とし、暁祥和尚が建立したと伝わります。人間界の「三密の教え」を忘れたものの末路が描かれた10本の地獄図があり、春秋の彼岸と8月のお盆に本堂に掛けて供養が行われます。

―ご詠歌―

あさひさす
ひかりとともに
こじまのの
ほとけのみちぞ
いまにしるらん

MAP P75

❶なす十二番　❷大悲閣
❸三宝印　❹小島山　❺長楽寺
❻小島山長楽寺

●所在地　那須郡那須町寺子丙1404
●電話　0287-72-1089
●アクセス　那須高原スマートICより車で約3分
●駐車場　あり　●受付時間　9:00～17:00

第13番

■開山　徳一上人
■本尊　不動明王
■建立　弘仁年間
（810～823年）

医《い》雲《うん》山《ざん》 薬《やく》王《おう》寺《じ》

高野山真言宗

▲現在の本堂は明治21年に再建されたものです。

▲本堂内には本尊の不動明王、脇侍に聖観世音菩薩が祀られています。

▲山門。

小さな山門が印象的

弘仁年間（810～823年）に徳一上人により開かれたお寺です。本堂は明治21年に再建された建物です。

また、薬王寺の奥の院である峯薬師堂は、応安2年（1369年）、恵心僧都が三河鳳来寺に安置してあった薬師如来を勧請し建立したもので、寛永9年（1632年）に焼失した後、大田原藩主・大田原晴清によって再建されたものです。

MAP P77

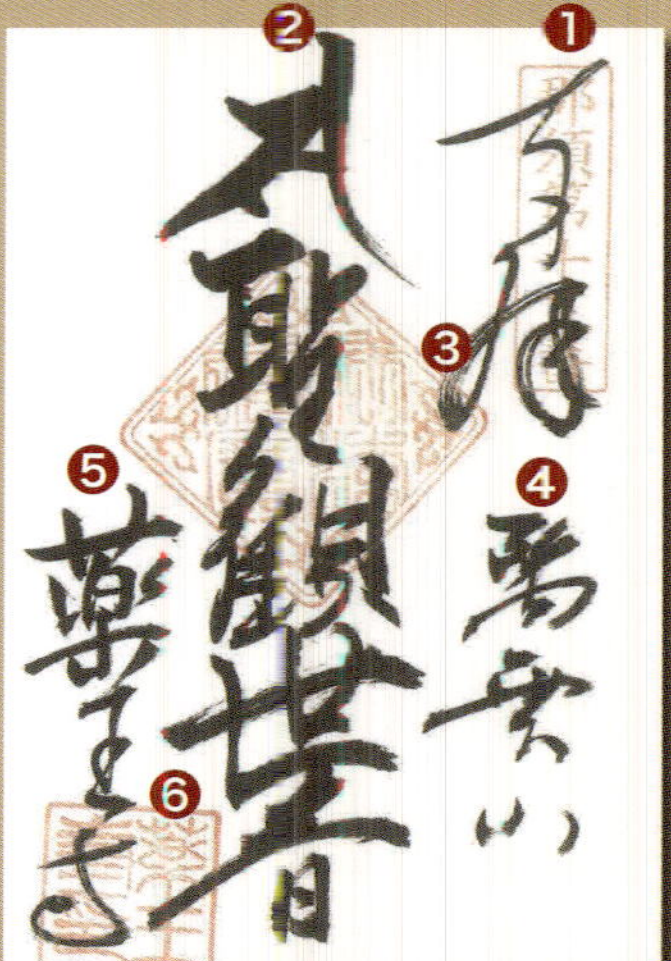

❶那須第十三番　❷梵字「サ」・聖観世音
❸三宝印　❹医雲山
❺薬王寺　❻薬王寺印

●所在地　那須塩原市塩野崎270-1
●電話　0287-65-1504
●アクセス　東北新幹線那須塩原駅より車で約10分
●駐車場　あり　●受付時間　8:00～17:00

―ご詠歌―

めぐりきて
すぎのこだちの
みねのさと
こうみょうむへんに
かがやけるなり

第14番

■開山　興教大師
■本尊　不動明王
■建立　應永元年（1394年

湯《ゆ》王《おう》山《さん》 慶《けい》乗《じょう》院《いん》

高野山真言宗

▲現在の本堂は昭和38年に再建されたもの。

▲聖観世音菩薩が祀られている観音堂。

▲扉を開けてお参りすることができます。

創建当時は湯治場として栄えていた地域

創建は応永元年（1394年）。文化年間（1804〜1813年）に村が全滅するほどの被害を出した大火により焼失してしまいましたが、嘉永年間（1848〜1854年）に再建されました。

本堂に向かって右側に那須三十三所観音霊場の聖観世音菩薩が祀られている観音堂があり、扉を開けてお参りすることができます。

MAP P77

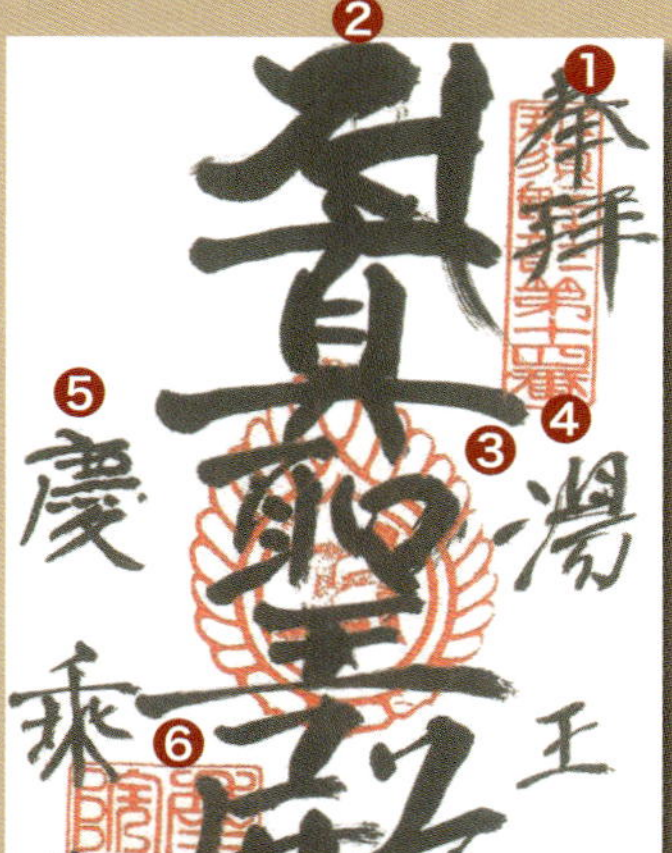

❶那須三十三観音第十四番
❷梵字「サ」・真聖殿　❸梵字「サ」　❹湯王山
❺慶乗院　❻慶乗院印

●所在地　那須塩原市井口291
●電話　0287-36-6599
●アクセス　那須高原スマートICより車で約3分
●駐車場　あり　●受付時間　9:00〜17:00

— ご詠歌 —

なすのはら
かりののさとに
おわします
なむありがたや
いぐちかんの

第15番

■開山
■本尊　白衣観音
■建立　明治25年（1892年）

日《にっ》照《しょう》山《さん》 宗《そう》源《げん》寺《じ》

曹洞宗

▲足利公の隠居寺であった宗源寺を西那須野に移転。

曹洞宗大本山総持寺の直末寺

明治19年（1886年）、東北本線の開通に伴い、新橋で運送業を営む井上松兵衛氏が、子どもがいないからと養子に家督を相続させ、隠居して西那須野に中継店を開業しました。

妻は観音堂へのお参りを日課として、子宝に恵まれました。そのお礼に観音堂をお寺にすることを発願し、足利公の隠居寺・宗源寺を譲り受け、明治25年に西那須野に移しました。境内にはぼけ封じ観音や鳥獣供養観音などが祀られています。

―ご詠歌―

ひのてりて
やまのふもとに
すむひとは
びやくいのひかり
ありがたきかな

ワンモアポイント

ぼけ封じ関東三十三観音霊場第25番札所にもなっています。

●所在地
那須塩原市東町1-8
●電話
0287-36-0168
●アクセス
JR西那須野駅より徒歩10分
●駐車場
あり
●受付時間
9:00～17:00

昭和37年に記された宗源寺の概歴によると、本尊の白衣観音は武蔵国分寺に安置する予定でしたが、別のものになったため、高林寺に安置され、その後、末寺である宗源寺に安置されたといわれています。

▲本尊の白衣観音は中国清朝時代のもの。

▶ぼけ封じ祈願でも知られるお寺です。

MAP P77

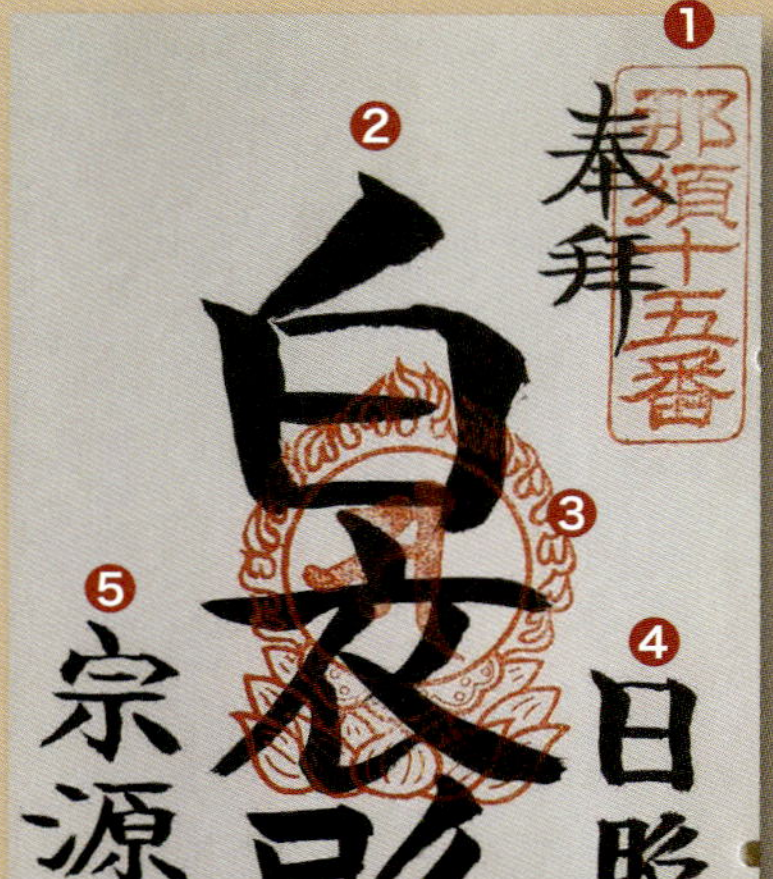

❶那須十五番　❷聖観世音
❸白衣殿　❹日照山　❺宗源寺
❻宗源寺印

▲樹齢150年近い「エドヒガンザクラ」。

▲仁王門。

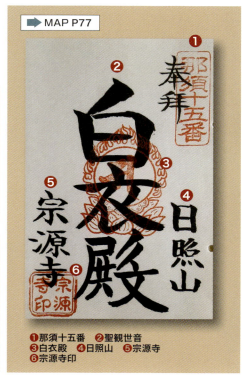

▲本堂には大日如来、脇侍に不動明王と愛染明王が祀られています。

第16番

■開山　雲照律師
■本尊　准胝観音
■建立　明治20年（1887年）

十《じゅう》善《ぜん》山《さん》 雲《うん》照《しょう》寺《じ》

真言宗東寺派

—ご詠歌—

こそだての
めぐみもふかき
かんぜおん
まつのみどりに
はえてとうとく

広々とした境内にたくさんの石仏

不毛な原野であった那須野が原に、明治18年、那須疏水の開通により、たくさんの人が移り住んで開拓されて行きました。そこに信仰の拠点として建立されたのが雲照寺です。那須開墾社の社長印南丈作氏をはじめとする開拓者たちが雲照律師に請願し、開山されました。

律師の弟子の願いによって西国三十三観音の本尊の石仏33体が建立されて「雲照寺石仏観音霊場」が完成し、准胝観音像が建立され「那須三十三所観音霊場第十六番」となりました。

ワンモアポイント

お寺の土地は那須開墾社から提供され、開拓者たちの思いが込められたお寺です。

●所在地
那須塩原市三区659
●電話
0287-36-0824
●アクセス
JR西那須野駅より車で約10分
●駐車場
あり
●受付時間
9:00～17:00

境内には雲照律師の弟子、二世隆應和上が建立した「准胝観音」の石仏があります。また、明治40年までに完成させた「雲照寺石仏観音霊場」は、西国三十三観音霊場の本尊を石仏で見ることができるものです。

▲那須三十三所観音霊場の「准胝観音」の石仏。

▶西国三十三観音本尊石仏のひとつ。

MAP P77

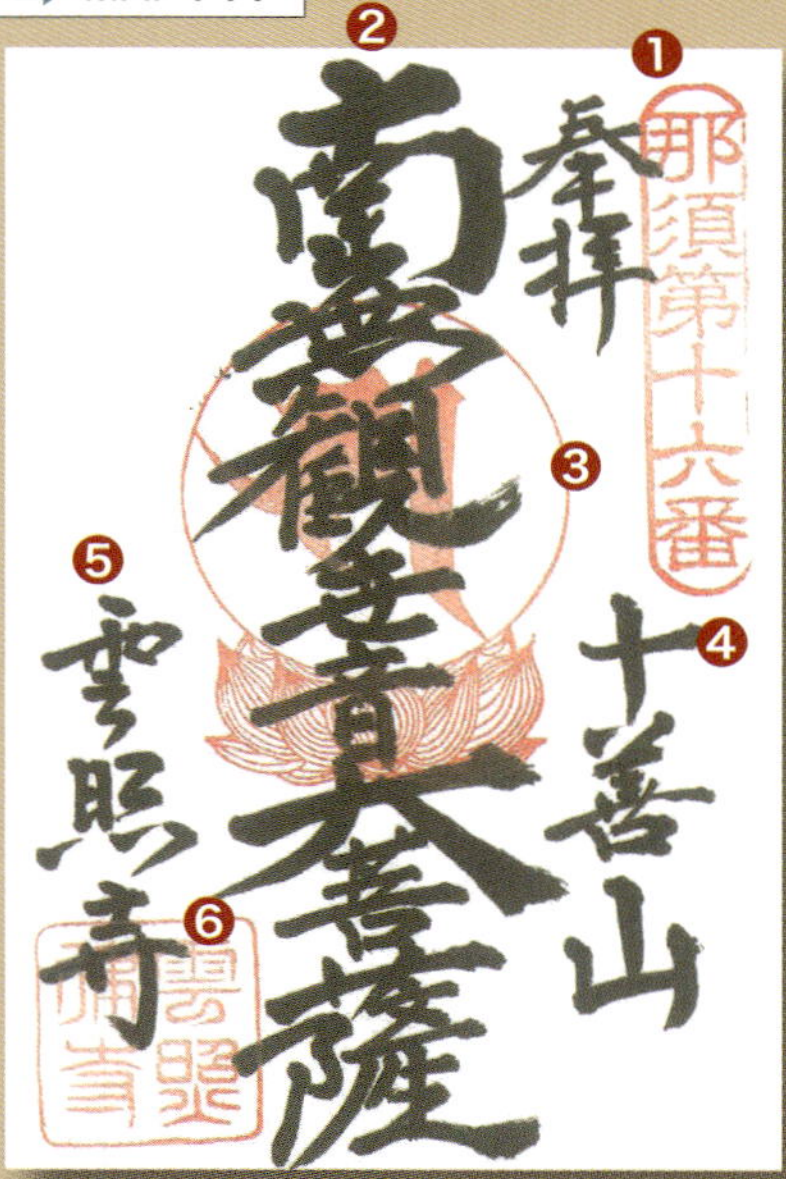

❶那須第十六番　❷南無観世音大菩薩
❸梵字「サ」　❹十善山　❺雲照寺
❻雲照律寺

▲枯れてしまった雲照寺の大松の根株。

▲雲照寺開創120年に落慶された山門。

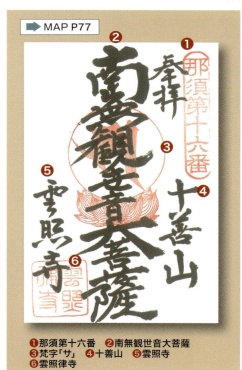

第17番

■開山　大嶋民部
■本尊　阿弥陀如来
■建立　明應4年（1495年）

沼《ぬま》瀧《たき》山《さん》 長《ちょう》泉《せん》寺《じ》

真言宗智山派

▲現在の本堂は昭和10年（1925年）に再建されたものです。

▲山門は昭和53年（1978年）に再建されました。

▲本堂に安置されている聖観世音菩薩像。

疫病から人々を救った薬師如来がある

南北朝時代、京から移り住んできた藤原忠経の菩提を弔うため、子孫である大嶋民部が開基となって開いたと伝わるお寺です。本尊は忠経の念持仏であった阿弥陀如来坐像で、難病にご利益のあるものであったといわれています。

文久2年（1862年）の火災で建物は焼失してしまいましたが、明治10年に薬師堂、昭和10年に本堂、昭和53年に山門が再建され、昭和64年に山号を「沼瀧山」と改めました。

MAP P77

❶那須第十七番　❷聖観世音　❸梵字「サ」
❹沼瀧山　❺長泉寺　❻沼瀧山長泉寺

●所在地　大田原市花園1207
●電話　0287-28-1711
●アクセス　JR矢板駅より車で約20分
●駐車場　あり　●受付時間　9:00～17:00

―ご詠歌―

なにしおう
ぬまでらならん
かんぜおん
あまねくてらす
ねがいさやけき

▲現在の本堂は文政4年(1822年)に再建された建物です。

第18番

■開山　月江宗船庵
■本尊　釈迦牟尼仏
■建立　永享年間
（1429～1441年）

月《げっ》江《こう》山《さん》 実《じっ》相《そう》院《いん》

曹洞宗

▲

▲

赤穂義士のひとり大高源吾の墓がある

永享年間（1429～1441年）に月江宗船庵という尼僧が実相庵（尼寺）を創建したのがはじまりといわれています。その後、永正13年（1516年）に白河市の松林寺の4世和尚を開山として実相院となりました。文化5年に佐久山を全焼する大火で、山門以外焼失してしまい、文政4年（1822年）に再建されました。

御朱印は本堂前の箱に「霊場参拝の方は、ここにお納めください。」とあり、書き置きが入っています。

―ご詠歌―

そうあいの
しがらみいでて
いけぞかし
かんのんのみてに
みをぞたくして

MAP P77

❶那須第十八番　❷施無畏　❸梵字「サ」
❹月江山　❺実相院　❻実相禅院

●所在地　大田原市佐久山2243
●電話　0287-28-0025
●アクセス　JR矢板駅より車で約15分
●駐車場　あり　●受付時間　9:00～17:00

▲現在の本堂は平成４～５年に改修されたものです。

第19番

■開山　不詳
■本尊　聖観世音菩薩
■建立　奈良時代末期

宝《ほう》持《じ》山《さん》 金《こん》剛《ごう》寿《じゅ》院《いん》

真言宗智山派

真言密教の地方本山であったお寺

最盛期には１２５ヶ寺の末寺を持つ大本寺として隆盛を極め下野三金剛のひとつであったと伝わります。向かい側の福原八幡宮は金剛寿院の氏神様として神仏習合でしたが、明治時代初頭の神仏分離令により分離しました。

中世、金剛寿院は那須家が戦の必勝祈願などを行う祈願所であり、佐竹氏より那須氏に出された武将起請文を5通所持しています。また、このお寺は「まんが日本昔ばなし」の「たぬきのしっぽ」という話の中で舞台になったことでも知られています。

―ご詠歌―

いにしえの
まことのことば
つたえつゝ
いのちのまもらんだい
ひのひかり

ワンモアポイント

武将起請文５通は、現在那須与一伝承館へ寄託されています。

●所在地
大田原市福原1127
●電話
0287-28-0240
●アクセス
JR矢板駅より車で約20分
●駐車場
あり
●受付時間
9:00～17:00

江戸時代の初期に火災によってお寺は焼失してしまいましたが、焼け残った木材で本堂を再建したと伝わります。その後、貞享2年（1685年）、寛政2年（1790年）に那須氏によって修復されています。

▲境内にある「寿聖観音像」。

▶本堂に祀られている聖観世音菩薩。

MAP P77

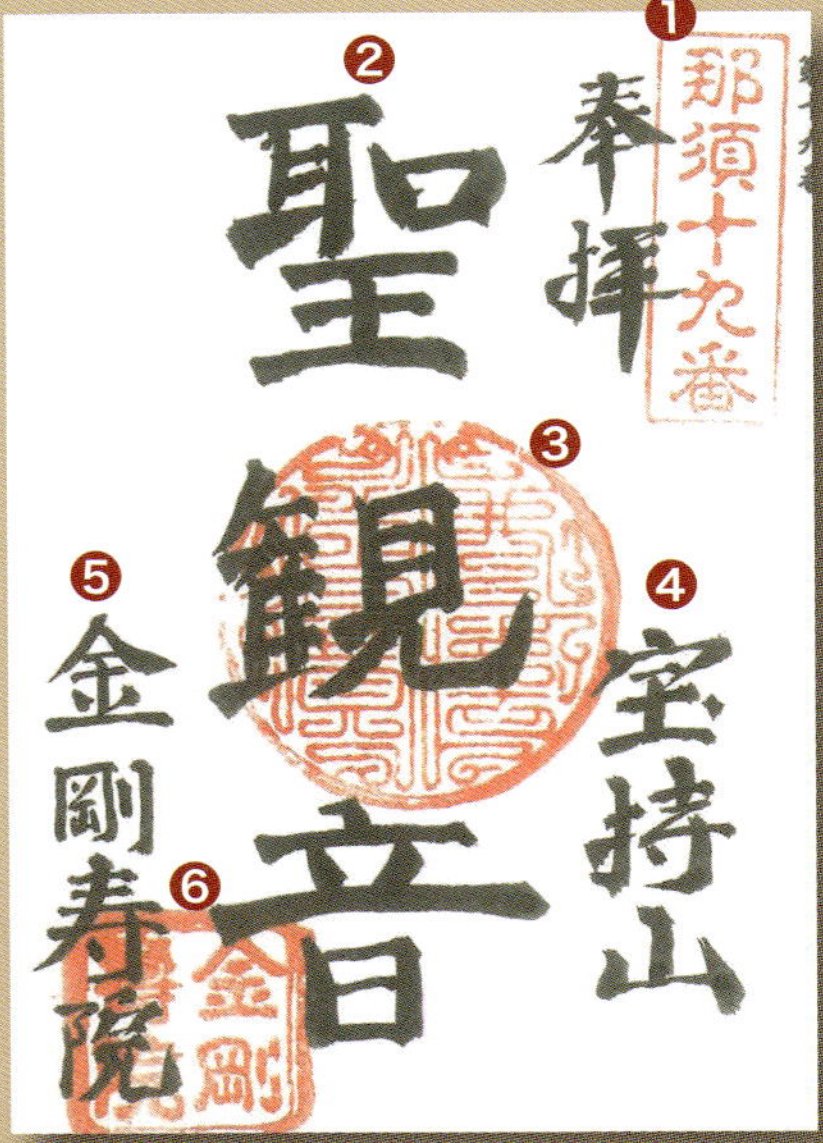

❶那須第十九番　❷聖観音
❸三宝印　❹宝持山　❺金剛寿院
❻金剛壽院

▲「金剛寿院のイチョウ」という約250年の古木があります。

▲人を乗せて人力で運んだ「駕籠」。

第20番

■開山　祐満上人
■本尊　阿弥陀如来
■建立　嘉吉3年(1443年)

月《げつ》桂《けい》山《さん》 宝《ほう》寿《じゅ》院《いん》

真言宗智山派

▲現在の本堂は昭和14年(1939年)に再建されたものです。

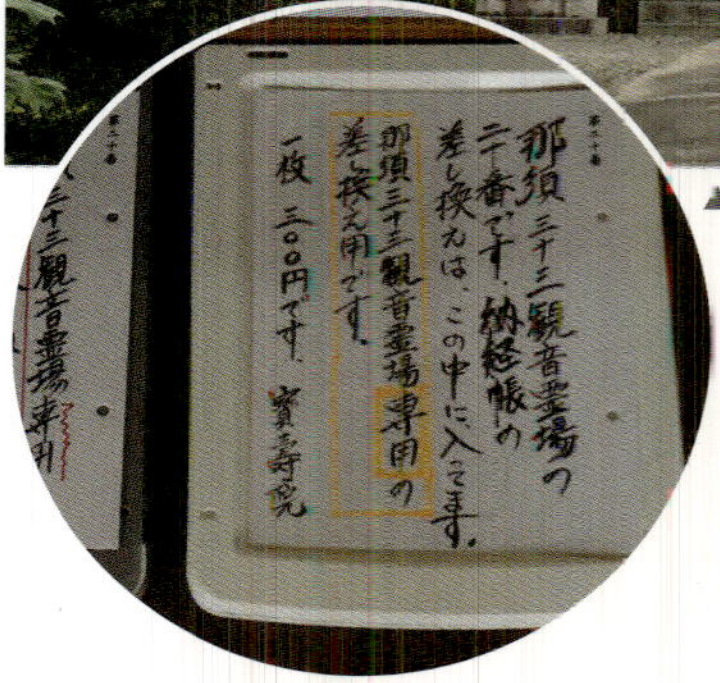

▲不在時でも御朱印はいただけます。

▲境内の「お願い地蔵」。

札所本尊は十一面観世音菩薩

嘉吉3年(1443年)、祐満上人が開基となり、不動明王を本尊として創建されたお寺です。創建当時は末寺9ヶ寺を有していました。明治41年(1908年)、火災により焼失し、翌年に再建したにも関わらず、翌43年5月に台風により倒壊してしまいました。その後再建されながら火災にも遭い、現在の本堂は昭和14年(1939年)に建てられたもので見事な天井画が見られます。

秋には下のお堂の周辺一面に曼珠沙華が咲きます。

MAP P77

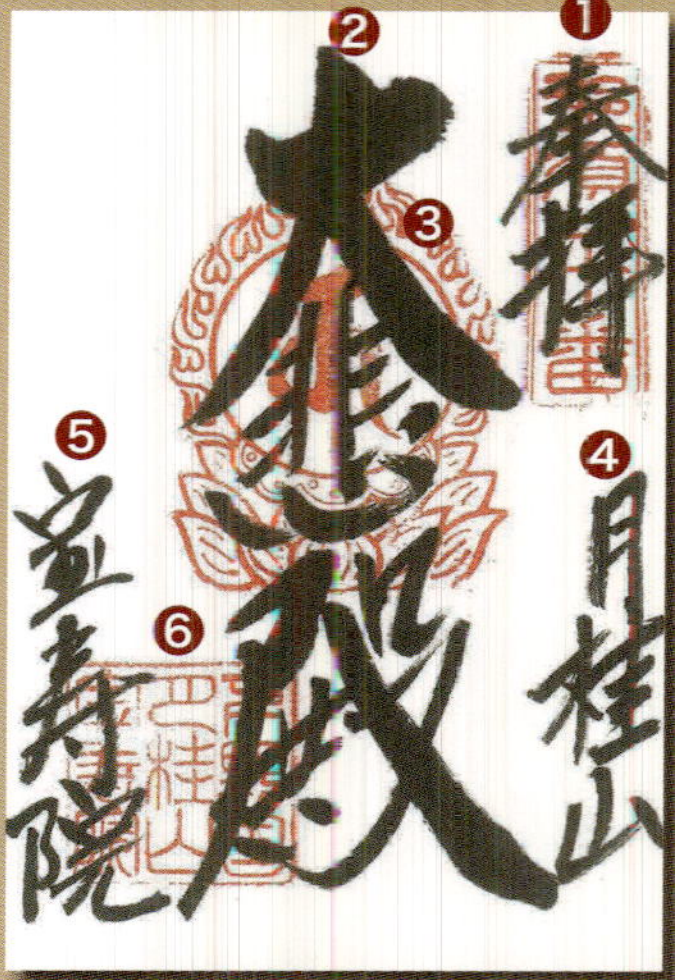

❶那須第二十番　❷大悲殿　❸梵字「サ」
❹月桂山　❺宝寿院　❺下野国月桂山明覚寺

―ご詠歌―

もらさじと
すくはせたまふ
かんせおん
よにもとうと
のりのちかひや

●所在地　大田原市片府田1075
●電話　0287-98-3285
●アクセス　JR矢板駅より車で約30分
●駐車場　あり　●受付時間　9:00～17:00

第21番

■開山　宥弘和尚
■本尊　大日如来
■建立　明應7年（1498年）

明《みょう》王《おう》山《ざん》 頂《ちょう》蓮《れん》寺《じ》

真言宗智山派

▲昭和56年（1981年）に再建された本堂。

▲本堂内。本尊の大日如来、脇侍に聖観世音菩薩・不動明王が安置されています。

▲札所本尊の聖観世音菩薩。

多くの伽藍物を持つ寺院として栄えた

明應7年（1498年）、宥弘和尚によって開山、間口十八間の伽藍を有し、位牌堂、不動堂などがあり、広い境内を持つお寺でしたが、弘化2年（1845年）の火災により、過去帳・宝物などが全て失われ、以後130年間、仮堂のままでした。

昭和56年（1981年）、弘法大師御遠忌1150年を記念して本堂や山門、庫裏が再建されました。

— ご詠歌 —

もろびとを
みちびきたまう
かんぜおん
ひろたのさとに
ありあけのつき

MAP P77

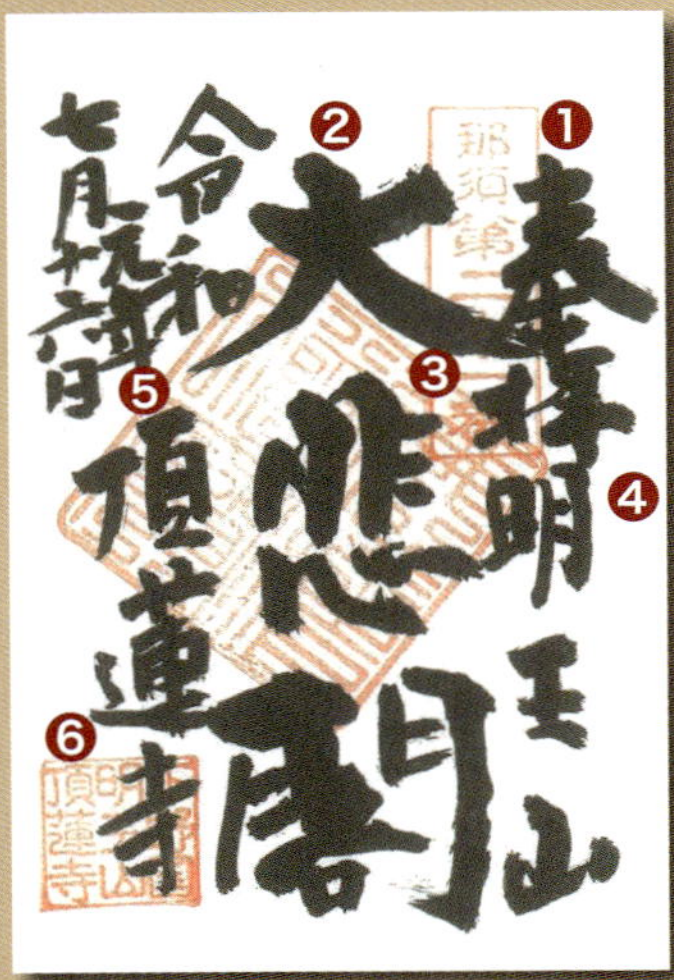

❶那須第二十一番　❷大悲閣　❸三宝印
❹明王山　❺頂蓮寺　❻下野国明王山頂蓮寺

●所在地　大田原市蛭田444
●電話　0287-98-3196
●アクセス　東北自動車道矢板ICより車で約30分
●駐車場　あり　●受付時間　9:00〜17:00

第22番

威《い》徳《とく》院《いん》 極《ごく》楽《らく》寺《じ》

■開山　真雅上人
■本尊　聖観世音菩薩
■建立　大治5年（1130年）

真言宗智山派

▲平成31年（2019年）3月に落成したばかりの本堂。

約150年ぶりに本堂を再建

真雅上人が那珂川沿いから西山を見たところ、霊牛がゆったりと臥せているように感じ、「さも極楽にあらん」と、信仰していた大威徳明王のおかげであるとの思いから「霊牛山威徳院極楽寺」と名付け、大治5年（1130年）、真雅上人によって開かれたと伝わるお寺です。

平成27年（2015年）から本堂の再建工事が行われ、平成31年3月に落成されました。

―ご詠歌―

れいぎゅうの
やまのやさしさ
つつみこむ
いにしえしのぶ
ごくらくのさと

ワンモアポイント

本堂は平成30年（2018年）末に再建工事が終わりました。

●所在地
大田原市湯津上1350
●電話
0287-98-2100
●アクセス
東北新幹線那須塩原駅より車で約30分
●駐車場
あり
●受付時間
9:00～17:00

虚空蔵菩薩像の修復作業中、明治4年（1871年）の火災で焼失し、作り直されていたと思われていたものが、光背の墨書きが見つかり、文政4年（1821年）に制作されたことがわかりました。

▲虚空蔵菩薩像のお前立ち像。（朝倉二美仏師作）

▶境境内にある子育て地蔵。

MAP P76

❶那須第二十二番　❷聖大悲殿
❸梵字「サ」　❹霊牛山　❺極楽寺
❻霊牛山威徳院極楽寺

▲不動明王や八溝七福神の寿老人(威徳院天神)が祀られている祈祷堂。

▲お掃除中の小坊主さんがお出迎え。

▲釈迦三尊が安置されている本堂(釈迦堂)。

第23番

■開山　慈覚大師
■本尊　大日如来・釈迦三尊
■建立　貞観2年(860年)

光《こう》丸《まる》山《さん》 法《ほう》輪《りん》寺《じ》

天台宗

天狗の寺としても知られているお寺。

光丸山は初院・中の院・奥の院からなっており、「光丸山法輪寺」は法輪寺を含めて二寺の総称です。光丸山の本尊は大日如来、法輪寺は釈迦三尊で、慈覚大師が貞観2年にこの地をめぐった際、その二仏の夢を見てお寺を創建したと伝わります。

那須三十三観音だけでなく、東国花の寺、関東91薬師、八溝七福神の札所にもなっており、境内には観音堂、無量堂、薬師堂、大黒天堂などの建物があります。また、西行法師にゆかりのある西行桜(市指定文化財)も見ごたえがあります。

—ご詠歌—

いついろの
ひかりはなち
てしくのぞく
とうときほんがん
たまさしめさん

ワンモアポイント

毎年約400年の歴史を持つ
大祭が毎年11月に行われます。

●所在地
大田原市佐良土1401
●電話
0287-98-2606
●アクセス
JR矢板駅より車で約30分
●駐車場
あり
●受付時間
9:00～17:00

天狗堂内に日本一大きな天狗のお面（市指定文化財）があり、「大天狗面の寺」として知られています。高さ約2メートル、幅1.5メートル、鼻の高さ1.3メートル、重さ1トンの大天狗面です。

▲寄木造りとしては日本で最も大きい木製の天狗のお面。

▶大日堂。

MAP P76

❶那須第二十三番　❷光玉殿
❸梵字「サ」　❹光丸山　❺法輪寺
❻下野國大田原佐良土光丸山

▲阿弥陀如来が安置されている「無量堂」。

▲「勅額門」に続く参道。

第24番

■開山　甚誉上人
■本尊　大日如来
■建立　文亀2年（1502年）

紫《し》雲《うん》山《さん》 宝《ほう》蔵《ぞう》院《いん》

真言宗智山派

▲現在の本堂は平成23年（2011年）に改築されています。

▲札所本尊の如意輪観世音菩薩。

▲本堂へと続く石段。

MAP P78

❶那須第二十四番　❷如意輪観世音
❸梵字「キリーク」　❹紫雲山
❺宝蔵院　❻宝蔵院印

どんな願いも叶えてくれる如意輪観音

文亀2年（1502年）、甚誉上人によって創建されたと伝わります。明治12年に火災によって焼失してしまいましたが、明治28年に再建されました。本堂などは昭和に改築されています。境内には鐘楼や大師像などがあります。

本尊の大日如来は、一尺五寸の木造で、那須三十三所観音霊場の札所本尊の如意輪観世音菩薩は、大日如来の脇侍として鎮座しています。

●所在地　那須郡小川町三輪769
●電話　0287-96-2427
●アクセス　JR矢板駅より車で約30分
●駐車場　あり　●受付時間　9:00〜17:00

―ご詠歌―

みわのさと
しうんのてらに
まつらるる
にょいりんかんのん
まいるひとびと

▲平成元年に完成した本堂。

第25番

■開山　嘯月全虎大和尚
■本尊　聖観世音菩薩
■建立　延徳3年（1491年）

白《はっ》久《く》山《さん》 長《ちょう》泉《せん》寺《じ》

曹洞宗

▲三重宝塔「慈光殿」。

▲参道にある六地蔵。

花の寺としても親しまれているお寺

ボタンをはじめとして、四季折々の花が境内を彩る花の寺としても知られているお寺です。現在の本堂は昭和62年（１９８７年）より大改修が行われ、平成元年（１９８９年）に完成したものです。

三重宝塔は昭和53年（１９７８年）に完成したもので、釈迦牟尼仏、薬師如来、聖観世音菩薩が安置され、「慈光殿」と称されています。また、境内には「白長楼」と称する鐘楼堂もあり、大晦日には除夜の鐘をつくことができます。

MAP P78

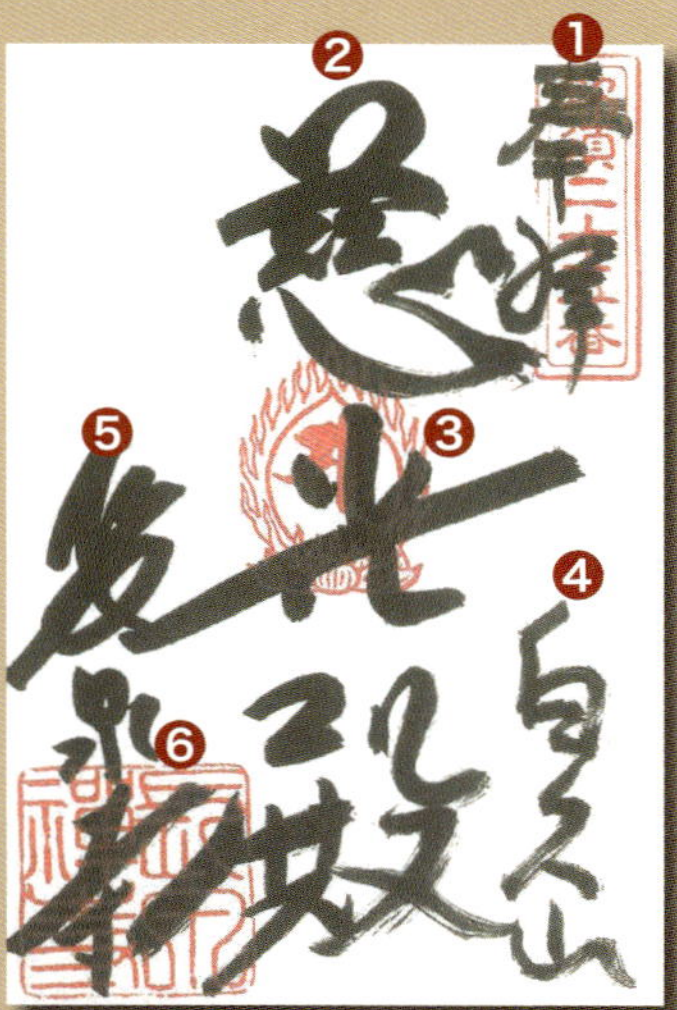

❶那須第二十五番　❷慈光殿　❸三宝印
❹白久山　❺長泉寺　❻長泉禅寺

●所在地　那須郡那珂川町白久777
●電話　0287-96-2467
●アクセス　JR烏山駅より車で約30分
●駐車場　あり　●受付時間　9:00～17:00

—ご詠歌—

はっきょう
だいじだいいひの
かんぜおん
しうんたなびく
じこうほうでん

第26番

■開山　正山玄宗大和尚
■本尊　釈迦牟尼佛
■建立　永仁6年（1298年）

三《さん》峰《ぽう》山《ざん》 養《よう》山《ざん》寺《じ》

曹洞宗

▲本堂。

▲石段を上ると正面が本堂。

▲六地蔵が並んでいます。

秘仏とされている朝日聖観音

開基は永仁6年とされていますが、正確なことはわかっていません。開基とされている滝田六郎実隆は那須資隆の六男で那須与一の兄にあたります。

現在、養山寺は兼務地のお寺で、御朱印は本堂に向って右側の小窓を開けると中に公式納経帳の書き置きがあります。ない場合は泉渓寺（那須烏山市金井1-12-5）へ事前に連絡を入れた上で来訪してください。境内にはさまざまな石仏が見られます。また、境内北側の山に朝日観音堂があります。（東光神社北隣）

●所在地　那須烏山市滝田861
●電話　0287-82-2876（泉渓寺）
0287-83-1711（養山寺）
●アクセス　JR烏山駅より車で約10分
●駐車場　あり　●受付時間　事前に要確認

MAP P78

❶那須第二十六番　❷朝日観音
❸三宝印　❹三峰山
❺養山寺　❻養山寺印

―ご詠歌―

ながむれば
あさひかがやく
たきたでら
やまもすずしき
のりのこえかな

第27番

■開山　徳一上人
■本尊　薬師如来
■建立　大同2年（807年）

医《い》王《おう》山《さん》　安《あん》楽《らく》寺《じ》

真言宗智山派

▲札所本尊は護摩堂に祀られています。

▲平成7（1995年）に再建された本堂。

▲宝筐印陀羅尼というお経が納められています。

「安楽寺八十八ヵ所霊場」お砂踏みがある

江戸時代には末寺14ヶ寺を有する本寺でした。公園も含めた広大な敷地内にあります。本尊の薬師如来は平安時代の作として県の有形文化財に指定されています。

昭和14年（1939年）に完成した「安楽寺八十八ヵ所霊場」は、四国八十八ヵ所霊場の浄土の上に弘法大師像が納めてあるので、この地を踏めば、四国八十八ヵ所を巡ったと同様のご利益があるとされています。関東八十八ヶ所霊場の第二十八番札所にもなっています。

MAP P79

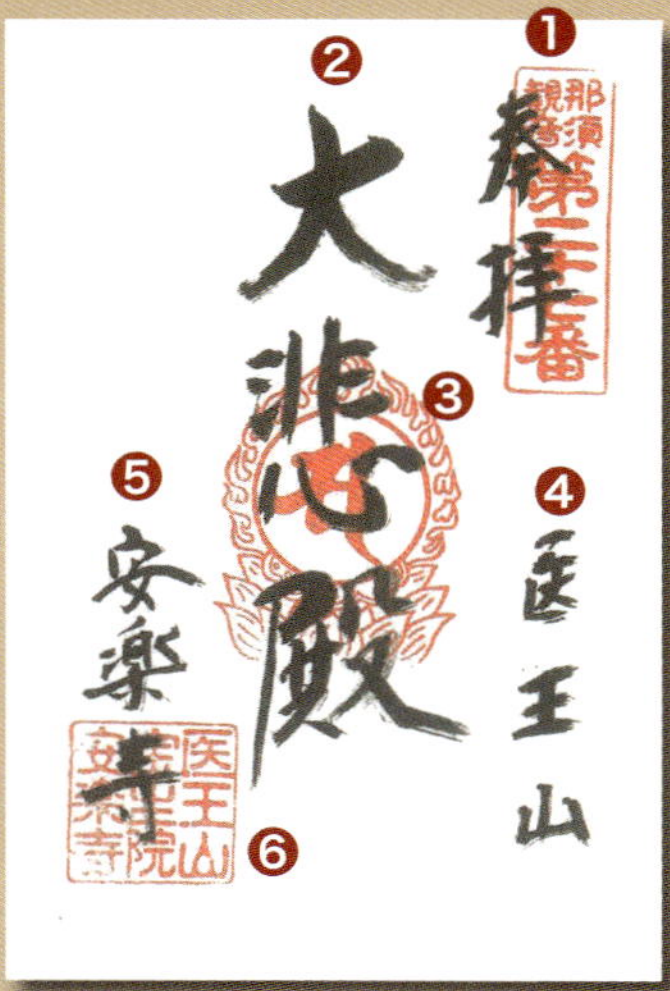

❶那須第二十七番　❷大悲殿　❸梵字「サ」
❹医王山　❺安楽寺　❻医王山宝生院安楽寺

●所在地　那須烏山市田野倉285
●電話　0287-88-2072
●アクセス　JR大金駅より徒歩10分
●駐車場　あり　●受付時間　9:00～17:00

―ご詠歌―

ありがたや
いおうのやまに
まいりきて
ねがうこころは
えいきょのあんらく

第28番

■開山　那須与一
■開基　那須光資
■本尊　宝冠釈迦牟尼仏
■建立　正治元年(1199年)

南《なん》台《たい》山《さん》 天《てん》性《しょう》寺《じ》

曹洞宗

▲平成28年(2016年)に本尊が「聖観世音菩薩」から「宝冠釈迦牟尼仏」に変わりました。

▲与一公の御霊廟などがあります。

▲痛いところを撫でてお参りする「おびんずるさま」。

春には石段が枝垂桜で包まれるお寺

那須氏6代当主の那須光資公が3代当主那須与一公のために建立したお寺であると伝わります。院号は那須与一公の法号「曹源院」。その後、那須資重が曹源院を拡張して寺号を「南台山曹源院天照寺」と改め、弘治元年（1555年）には那須高資公の法号である天性慈舜から「天性寺」と改名しました。

境内には与一の御霊廟や那須氏歴代当主の墓があります。また、織田信長公の位牌があるお寺としても知られています。

MAP P78

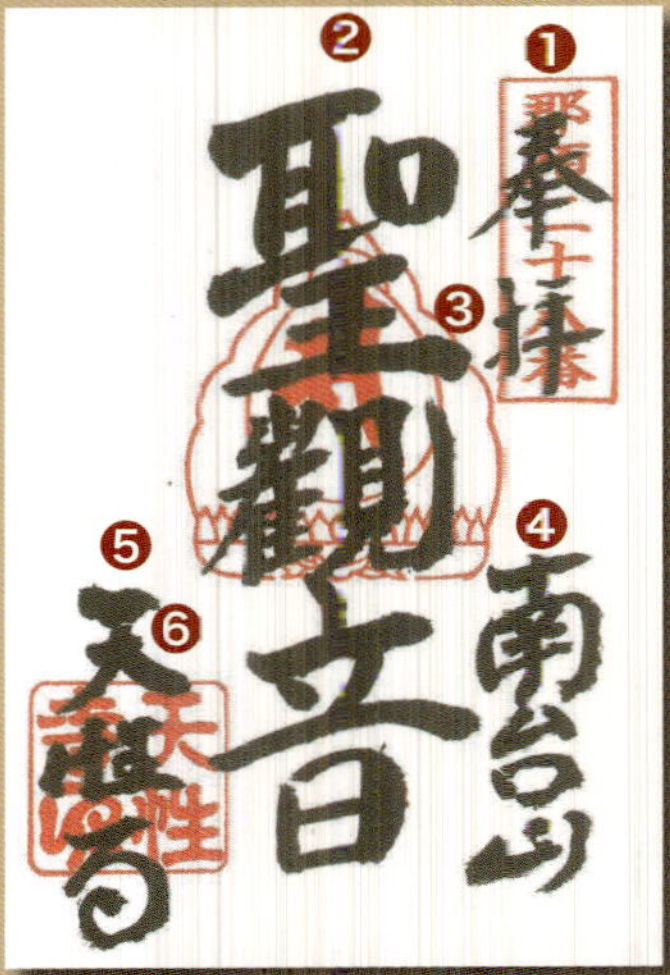

❶那須第二十八番　❷聖観音
❸梵字「サ」　❹南台山
❺天性寺　❻天性寺印

●所在地　那須烏山市南1-4-25
●電話　0287-82-3156
●アクセス　JR烏山駅より徒歩5分
●駐車場　あり　●受付時間　9:00～17:00

— ご詠歌 —

なすのさと
だいじだいひの
かんぜおん
こころのおくに
ひびくかねのね

第29番

■開山　甚清法師
■本尊　不動明王
■建立　文安5年（1448年）

高《たか》根《ね》山《さん》 宝《ほう》蔵《ぞう》寺《じ》

真言宗智山派

▲本堂には本尊の不動明王立像などが安置されています。

▲十一面観世音菩薩が安置されている観音堂。

▲石段を上ると、平成27年(2015年)に完成した山門。

MAP P78

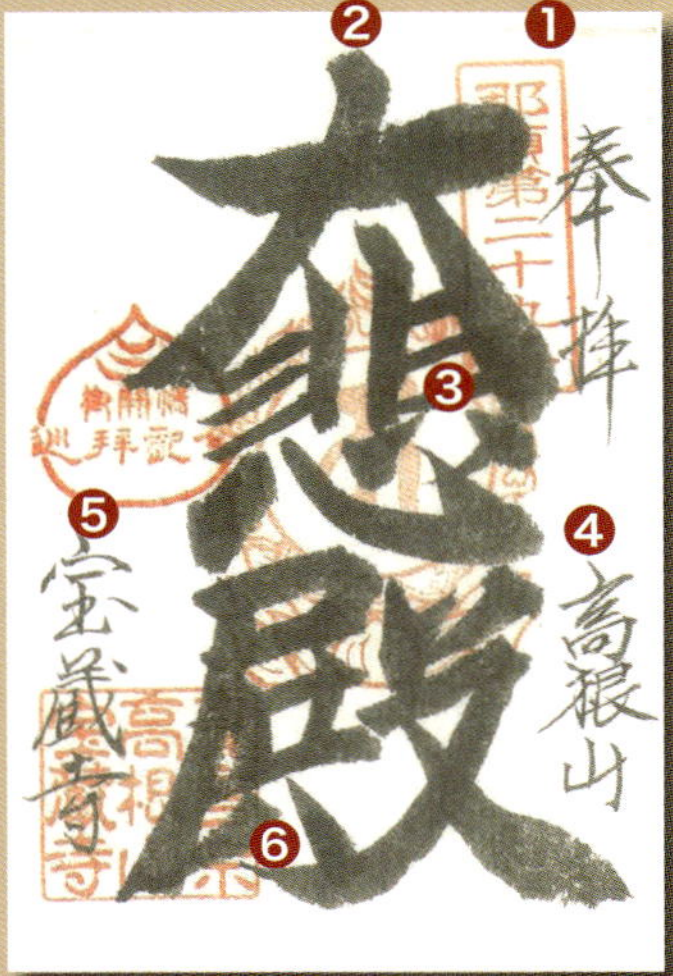

❶那須第二十九番　❷大悲殿　❸梵字「キャ」
❹高根山　❺宝蔵寺　❻真言宗高根山宝蔵寺

古来「木須の里」と称された地

創建当時は現在地より北側にありましたが、落雷で全焼し、貞享年間（1684〜1687年）に現在地に再建されました。幕末までは四寺の末寺と二寺の別当を兼ねていましたが、神仏分離令によって廃寺、分離しました。その後再建され、小木須観音と呼ばれ、十一面観音を安置しています。

境内には市の文化財に指定されているしだれ榧（カヤ）の木があり、樹齢300年以上といわれています。

●所在地　那須烏山市小木須1969
●電話　0287-84-3254
●アクセス　JR烏山駅より車で約15分
●駐車場　あり　●受付時間　9:00〜17:00

— ご詠歌 —

なすのさと
だいじだいひの
かんぜおん
こころのおくに
ひびくかねのね

第30番

■開山　光宝和尚
■本尊　馬頭観世音菩薩
■建立　建保2年(1214年)

武《む》茂《も》山《さん》 馬《ば》頭《とう》院《いん》

真言宗智山派

▲本堂。

水戸黄門さまゆかりのお寺

開創当時は「勝軍山　地蔵院　十輪寺」と称し、地蔵菩薩を本尊としていましたが、元禄5年(1692年)に徳川光圀公が訪れ、本尊を「馬頭観世音菩薩」とし、寺名を「武茂山　十輪寺　馬頭院」に改めました。その際、記念樹として植えられた枝垂栗(三度栗)が県の天然記念物に指定されています。

また、東国花の寺百ヶ寺でも知られており、境内にはソメイヨシノやシダレザクラ、モミジやイチョウなどがあり、四季折々の風景が楽しめます。

—ご詠歌—

ひきうまに
たづなひきたて
むちうちて
あくまたいじの
すがたなりけり

ワンモアポイント

関東八十八ヵ所霊場第27番札所にもなっています。

●所在地
那須郡那珂川町馬頭188
●電話
0287-92-2603
●アクセス
JR烏山駅より車で約20分
JR氏家駅より車で約30分
●駐車場
あり
●受付時間
9:00～17:00

元禄5年（１６９２年）に徳川光圀公が訪れた際、寺名だけでなく、地名も武茂から「馬頭」に改称されました。観音堂内には馬頭観世音菩薩や不動明王・毘沙聞天などが安置されています。

▲元文2年（1738年）建立の観音堂。

▶県天然記念物の枝垂栗（三度栗）。

MAP P78

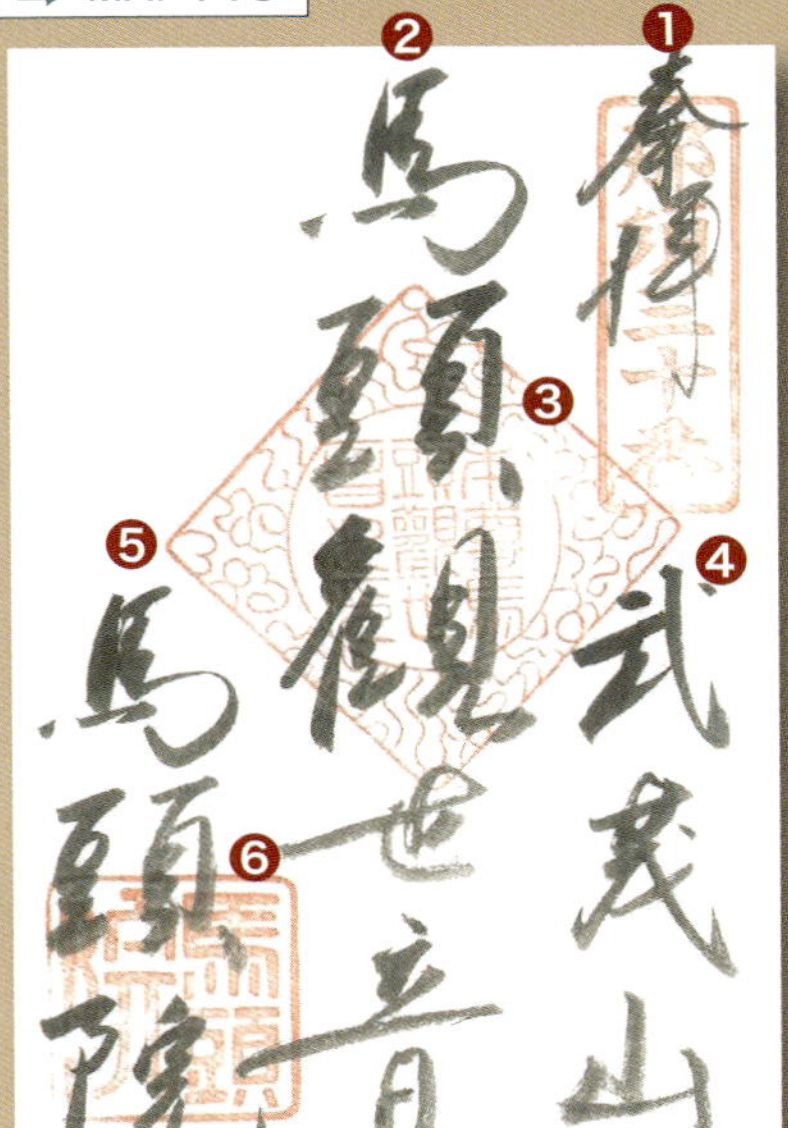

❶那須三十番　❷馬頭観世音
❸三宝印　❹武茂山　❺馬頭院　❻馬頭院

▲本堂の裏側には地蔵堂や大師堂があります。

▲高台にあるお寺です。

第31番

■開山　光寶上人
■本尊　不動明王
■建立　建保5年（1217年）

寶《ほう》珠《じゅ》山《さん》 總《そう》徳《とく》寺《じ》

真言宗智山派

▲平成14年（2002年）に大改修が行われた本堂。

―ご詠歌―

なすののに
　ふだうちつぎて
おおやまだ
　こらやすかれと
いのるはらから

水戸黄門さまゆかりのお寺

開創当時は末寺28ヶ寺を有する醍醐無量寿院の直末であったといわれています。本尊の不動明王は、鎌倉の仏師である運慶の作と伝わります。

明治33年（1900年）、第51世住職により境内が整備され、子安観音を修復し、檀徒子どものために「虫切り本尊」として安置されました。現在の本堂は天保12年（1841年）に建立されたものを平成14年（2002年）に大改修しました。

ワンモアポイント

平成29年（2017年）、開創800年を迎えました。

●所在地
那須郡那珂川町大山田下郷1724
●電話
0287-93-0019
●アクセス
JR烏山駅より車で約35分
●駐車場
あり
●受付時間
9:00〜17:00

那須三十三所霊場の札所本尊は「子安観音」で、昭和59年（1984年）、弘法大師1150年御遠忌の際、7間の洞窟を開鑿し、子安観音写しの石仏を安置しました。洞窟は「慈母洞」と名付けられました。

▲「慈母洞」に安置されている石仏。

▶安産や幼児の無事を守るとされる「子安観音」。

MAP P76

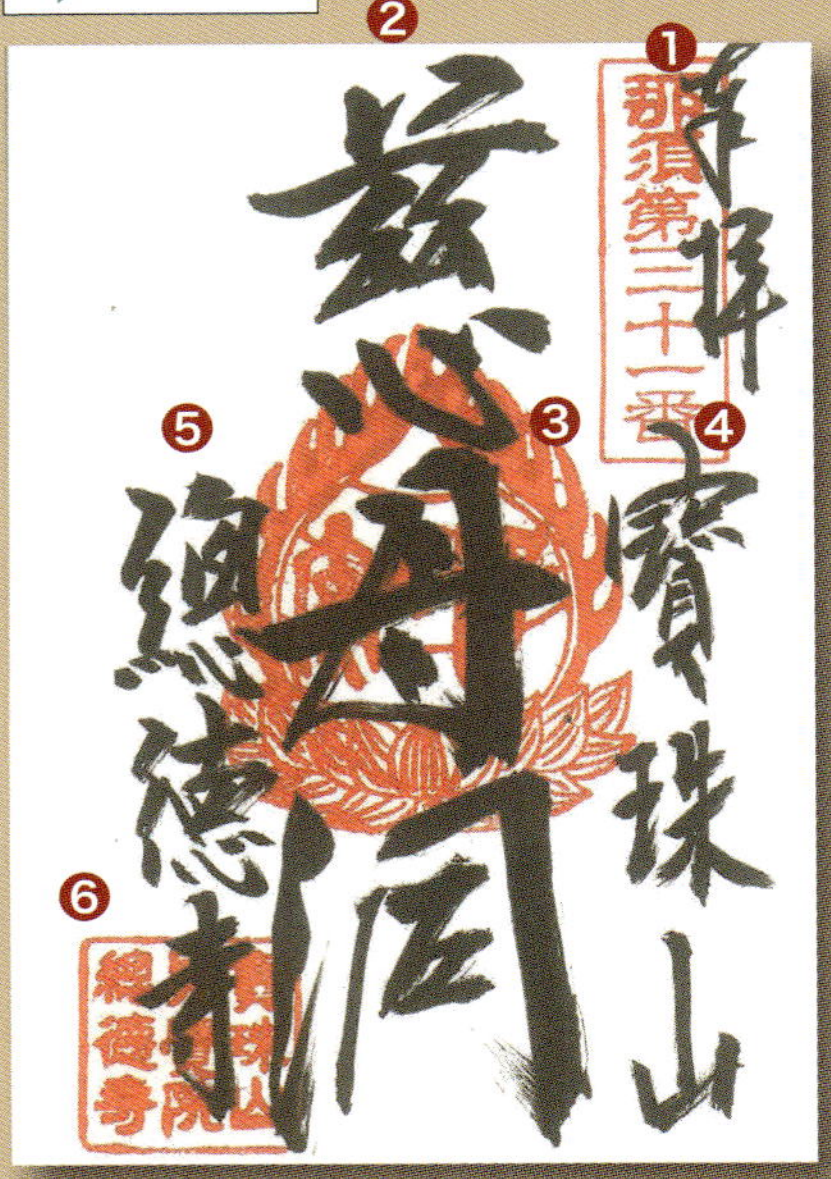

❶那須三十一番　❷慈母洞
❸朱印　❹寶珠山　❺總徳寺
❻寶珠山昇覺院總徳寺

▲境内には不動明王や地蔵菩薩などの石仏が並んでいます。

▲山門。

第32番

■開山　不詳
■本尊　如意輪観世音
■建立　天文11年（1542年）

日《にっ》光《こう》山《さん》 松《しょう》慶《けい》寺《じ》

真言宗智山派

▲昭和18年（1943年）に落慶し、その後改修された本堂。

▲如意輪観世音菩薩が安置されている観音堂。

▲留守の場合は観音堂に書き置きがあります。

長い間無住であったお寺が往時の姿に復興

創建後、寛文9年（1669年）に現在地に移転。明治10年（1877年）に火災に遭ってから、65年間無住となっていました。その後、檀徒が尽力し、昭和15年（1940年）に本堂・庫裡の再建に着手して昭和18年（1943年）に落慶しました。観音堂は平成2年に再建されたもので、本尊の如意輪観世音と脇侍に不動明王と地蔵菩薩が安置されています。

また、境内には水戸光圀公が訪れた際に腰かけたといわれる「腰掛石」があります。

MAP P76

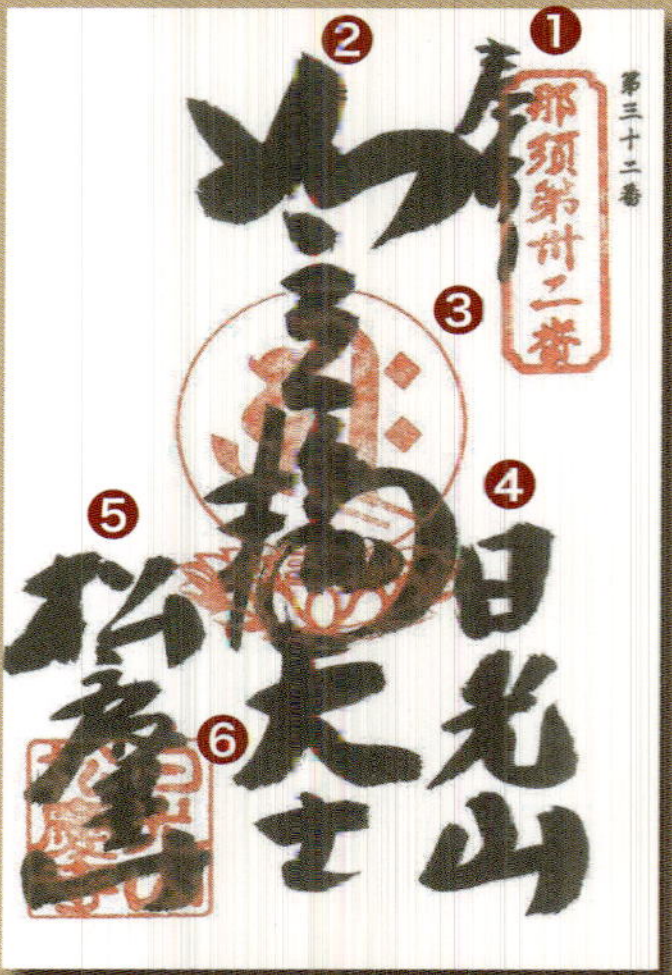

❶那須第三十二番　❷如意輪大士
❸梵字「キリーク」　❹日光山
❺松慶寺　❻日光山松慶寺

—ご詠歌—

やまさとに
なむにっこうの
かんぜおん
うつせのじょうど
おくりたまへや

●所在地　那須郡那珂川町谷川172-1
●電話　0287-92-4611
●アクセス　JR烏山駅より車で約40分
●駐車場　あり　●受付時間　9:00～17:00

第33番

■開山　宥全阿闍梨
■本尊　阿弥陀如来
■建立　天文2年（1533年）

吉《き》利《り》倶《く》山《さん》 光《こう》照《しょう》寺《じ》

高野山真言宗

▲本堂には阿弥陀如来が祀られています。

▲那須三十三所観音霊場結願寺。

▲観音堂内。

那須三十三所観音霊場の結願寺

関東八十八ヵ所霊場第26番、ぼけ封じ関東三十三観音霊場第21番にもなっているお寺です。現在の本堂は昭和58年に改修がなされています。

札所本尊は千手観世音菩薩で、観音堂に祀られています。弁天堂には出世弁財天（鎌倉時代作）、融通弁財天（室町時代作）、妙音弁財天などが祀られており、「八溝七福神」のひとつとなっています。

MAP P78

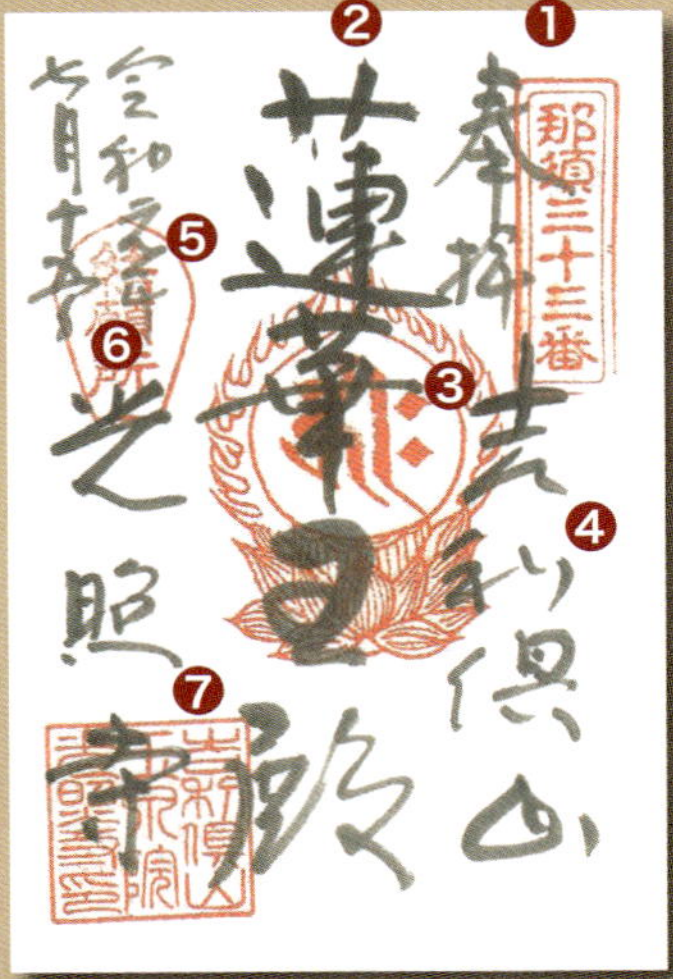

❶那須第三十三番　❷蓮乗王殿
❸梵字「キリーク」　❹吉利倶山　❺結願所
❻光照寺　❼吉利倶山玉泉院光照寺

●所在地　那須郡那珂川町小川710
●電話　0287-96-2045
●アクセス　JR烏山駅より車で約25分
●駐車場　あり　●受付時間　8:00〜17:00

―ご詠歌―

おいづるを
ぬぎてうれしや
じょうまんの
てらにねがいを
おさめゆくなり

那須三十三所観音霊場　チェックリスト

第1番	明王寺	大田原市黒羽向町１８５	
第2番	不動院	大田原市久野又４６７	
第3番	光厳寺	大田原市寺宿３０３	
第4番	養福院	那須郡那須町蓑沢６５６	
第5番	正福寺	那須郡那須町伊王野２００３	
第6番	會三寺	那須塩原市寺子１２４６	
第7番	最勝院	那須郡那須町芦野２８７０	
第8番	三光寺	那須郡那須町芦野２８３６	
第9番	揚源寺	那須郡那須町芦野２９０１－２	
第10番	與樂寺	那須郡那須町寄居１０８３	
第11番	長久寺	那須郡那須町豊原丙２２０４	
第12番	長楽寺	那須郡那須町寺子丙１４０４	
第13番	薬王寺	那須塩原市塩野崎２７０	
第14番	慶乗院	那須塩原市井口２９１	
第15番	宗源寺	那須塩原市東町１－８	
第16番	雲照寺	那須塩原市三区町６５９	
第17番	長泉寺	大田原市花園１２０７	
第18番	実相院	大田原市佐久山２２４４	
第19番	金剛寿院	大田原市福原１１２７	
第20番	宝寿院	大田原市片府田１０７５	
第21番	頂蓮寺	大田原市蛭田４４４	
第22番	極楽寺	大田原市湯津上１３５０	
第23番	法輪寺	大田原市佐良土１４０１	
第24番	宝蔵院	那須郡那珂川町三輪７６９	
第25番	長泉寺	那須郡那珂川町白久７７７	
第26番	養山寺	那須烏山市滝田８６１	
第27番	安楽寺	那須烏山市田野倉２８５	
第28番	天性寺	那須烏山市南１－４－２５	
第29番	宝蔵寺	那須烏山市小木須１９６９	
第30番	馬頭院	那須郡那珂川町馬頭１８８	
第31番	總徳寺	那須郡那珂川町大山田下郷１７２４	
第32番	松慶寺	那須郡那珂川町谷川１７２－１０	
第33番	光照寺	那須郡那珂川町小川７１０	

八溝七福神

昭和61年（1986年）にできた七福神コースです。八溝山のふもと国道294号線沿いに7つの寺院が点在しています。八溝七福神霊場会があり、乾徳寺が代表寺になっています。

●八溝七福神色紙　1枚500円　●御朱印　各寺院200円　●満願色紙　1枚1900円

「福禄寿　乾徳寺（けんとくじ）」
●所在地　栃木県那須郡那珂川町馬頭114
●電話　0287・92・2247

「弁財天　光照寺（こうしょうじ）」
●所在地　栃木県那須郡那珂川町小川710
●電話　0287・96・2045

「大黒天　光丸山（こうまるさん）」
●所在地　栃木県大田原市佐良土1401
●電話　0287・98・2606

「寿老尊　威徳院（いとくいん）」
●所在地　栃木県大田原市湯津上1350
●電話　0287・98・2100

「恵比須　明王寺（みょうおうじ）」
●所在地　栃木県大田原市大字黒羽向町185
●電話　0287・54・0717

「布袋尊　不動院（ふどういん）」
●所在地　大田原市久野又467
●電話　0287・59・0403

「毘沙門天　三光寺（さんこうじ）」
●所在地　那須郡那須町芦野2836
●電話　0287・74・0054

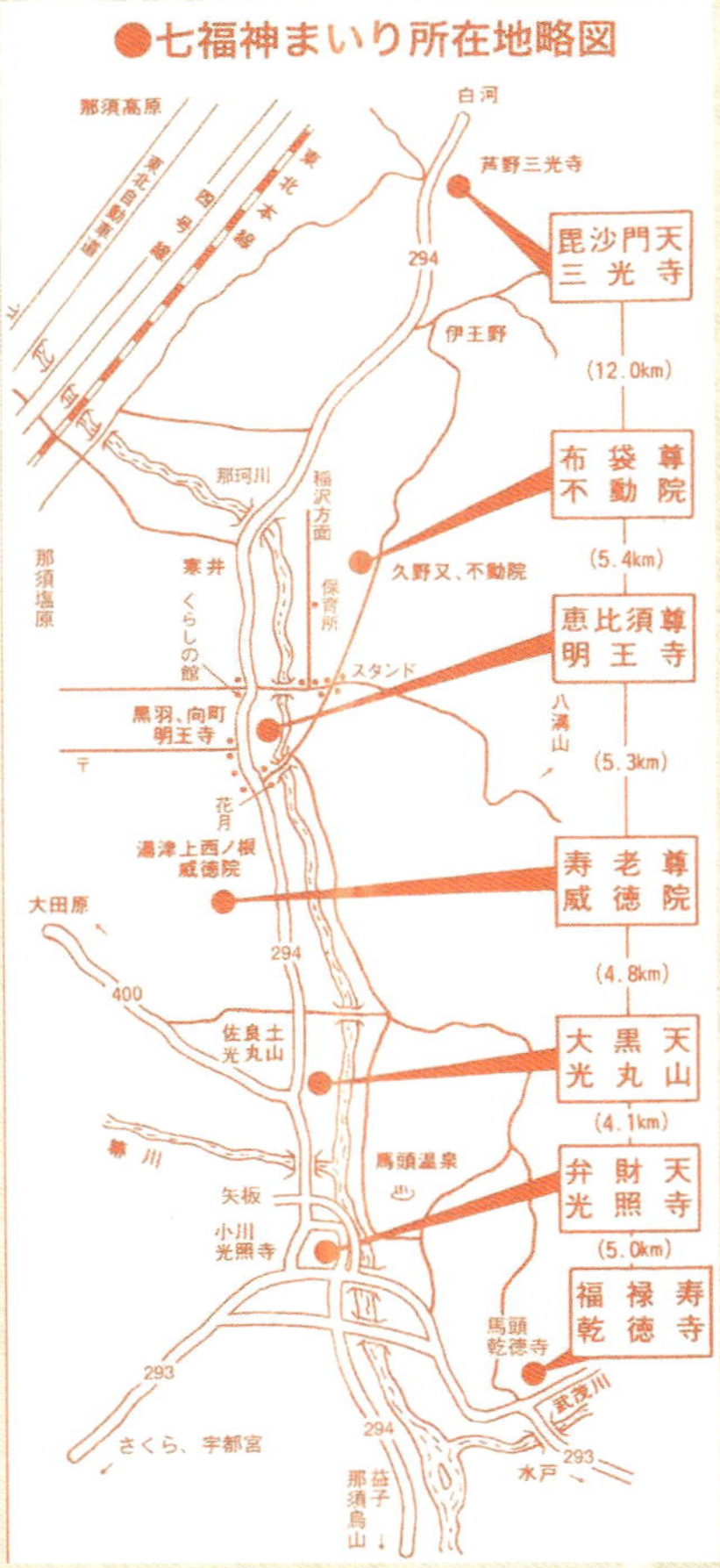

さくいん

あ

か

さ

Staff

編集■立川芽衣（ジェイアクト）

取材・執筆■立川芽衣（ジェイアクト）

撮影協力■飯田博俊・蛭牟田理那・吉新ゆきこ

デザイン■疋田滋

DTP■湖都絹

MAP■榎本沙耶香・蛭牟田展衣

協力■那須三十三所観音霊場会（http://www.nasu33.com/）

栃木　札所めぐり
御朱印を求めて歩く下野国　巡礼ルートガイド

2019年10月15日　第1版・第1刷発行

著　者　とちぎ巡りん倶楽部（とちぎめぐりんくらぶ）
発行者　メイツ出版株式会社
代表者　三渡治
〒102-0093 東京都千代田区平河町一丁目1－8
ＴＥＬ：03-5276-3050（編集・営業）
03-5276-3052（注文専用）
ＦＡＸ：03-5276-3105
印　刷　三松堂株式会社

メイツ出版ホームページアドレスhttp://www.mates-publishing.co.jp/
編集長：折居かおる　副編集長：堀明研斗　企画担当：折居かおる